Software-Technologien und -Prozesse

IT-Sicherheit und Mobile Systeme.

Tagungsband/Proceedings zur
3. Konferenz STeP 2012

Hochschule Furtwangen, 10. Mai 2012

Herausgegeben von
Prof. Dr. Mohsen Rezagholi,
Prof. Dr. Harald Gläser

Oldenbourg Verlag München

Prof. **Dr. Mohsen Rezagholi** und **Prof. Dr. Harald Gläser** lehren Informatik an der Hochschule Furtwangen.

Bibliografische Information der Deutschen Nationalbibliothek

Die Deutsche Nationalbibliothek verzeichnet diese Publikation in der Deutschen Nationalbibliografie; detaillierte bibliografische Daten sind im Internet über http://dnb.d-nb.de abrufbar.

© 2012 Oldenbourg Wissenschaftsverlag GmbH
Rosenheimer Straße 145, D-81671 München
Telefon: (089) 45051-0
www.oldenbourg-verlag.de

Lektorat: Dr. Gerhard Pappert
Herstellung: Constanze Müller
Titelbild: thinkstockphotos.de
Einbandgestaltung: hauser lacour
Gesamtherstellung: Books on Demand GmbH, Norderstedt

Dieses Papier ist alterungsbeständig nach DIN/ISO 9706.

ISBN   978-3-486-71663-4
eISBN 978-3-486-71676-4

Inhaltsverzeichnis

Teil I: Technisches Programm

Teil II: Tutorials

Teil III: Industriepräsentationen

Teil IV: Young Researchers

Organisation

Veranstalter

Fakultät Informatik, Hochschule Furtwangen

Tagungsleitung

Mohsen Rezagholi, Hochschule Furtwangen
Harald Gläser, Hochschule Furtwangen

Organisationskoordination

Fabian Berner, Hochschule Furtwangen
Denis Jurkovic, Hochschule Furtwangen

Programmkomitee

Goetz Botterweck, University of Limerick
Harald Gläser, HFU Furtwangen
Wolfgang Graether, Fraunhofer FIT
Ralf Hahn, HS Darmstadt
Peter Herrmann, Norwegian University of Science and Technology
Jörg Homberger, HFT Stuttgart
Wolfgang Prinz, RWTH Aachen
Mohsen Rezagholi, HFU Furtwangen
Christoph Wienand, Siemens Corporate Research, Princeton
Günther Blaschek, Universität Linz
Walter Kriha, Hochschule für Medien Stuttgart

Sponsoren

Wir danken der Hochschule Furtwangen und unseren Sponsoren für die freundliche Unterstützung.

Gold Sponsoren

dmc
digital media center

Endress+Hauser
People for Process Automation

Silber Sponsoren

BOSCH
Technik fürs Leben

IBM

Allgemeine Unterstützung:

//doubleSlash

M&M
Software GmbH

HOCHSCHULE
FURTWANGEN
UNIVERSITY
HFU

Keynote

Wireless Sensing Applications
- Mit Sicherheit! -

Markus Ullmann

Bundesamt für Sicherheit in der Informationstechnik

Hochschule Bonn-Rhein-Sieg

Drahtlosen Sensornetzwerken als eine Ausprägung sog. „Cyber-Physical Systems" wird aufgrund ihres vergleichbar einfachen Deployments ein großes Anwendungspotential vorhergesagt. Da die Sensorplattformen in aller Regel sehr ressourcenarm sind, drahtlos kommunizieren und vielfach entgegen klassischen Rechnersystemen frei zugänglich sind, werfen diese spezifische IT-Sicherheitsfragestellungen auf. Ein Merkmal ist, dass Anwendungsfunktionen und Sicherheits-mechanismen sehr eng miteinander verquickt sind.

In der Keynote werden zunächst - ausgehend von ihren funktionalen Eigenschaften - mögliche Einsatzszenarien für drahtlose Sensornetzwerke vorgestellt. Basierend hierauf werden spezifische Angriffe aber auch Sicherheitsmechanismen dargelegt, die der Ressourenbeschränkung im besonderen Maße Rechnung tragen.

Hauptbestandteil des Vortrags wird die Darlegung zweier möglicher Herangehensweisen an die Informationssicherheit sein. Mit dem Top-Down Sicherheitsprozess wird schrittweise eine auf die Anwendung und deren Assets zugeschnittene Sicherheitsarchitektur entwickelt. Hingegen sieht der Bottom-Up Denkansatz bereits als Ausgangspunkt eine generische Sicherheitsarchitektur vor, die an die konkreten Anwendungsbedürfnisse angepasst werden muss. Der Vortrag wird beendet mit einem Ausblick.

Kurzbiographie:

STeP 2012 wird mit einer Keynote von Herrn **Prof. Markus Ullmann, Bundesamt für Sicherheit in der Informationstechnik (BSI)** eingeleitet.

Beruflicher Werdegang:

Studium der Allgemeinen Elektrotechnik, Fachrichtung Nachrichtentechnik (Dipl.Ing) an der Bergischen Universität Wuppertal

Berufliche Tätigkeiten:

- bis 1990 Rheinbraun AG

- seit 1991 Bundesamt für Sicherheit in der Informationstechnik

- Referatsleiter „Neue Technologien und wissenschaftliche Grundlagen", seit 1995

- Projektgruppenleiter Hoheitliche Dokumente im Jahr 2005 Referatsleiter „Grundlagen sicherer Identitäten, Chipsicherheit", seit Juli 2011

Tätigkeitsschwerpunkte:

1991 – 2001: Entwicklung, Anwendung und Erprobung formaler Spezifikations- und Verifikationstechniken zur Konzeption vertrauenswürdiger IT-Systeme . Schwerpunkt: Entwicklung Formaler Sicherheitsmodelle und Nachweis von Sicherheitseigenschaften nach den Common Criteria (CC) . 2002 – 2006: Analyse der Gefährdungen von RFID-Systemen und Konzeption elektronischer Ausweissysteme incl. der notwendigen Public-Key-Hintergrund-Infrastrukturen. Seit 2007: Entwicklung neuer Sicherheitsmechanismen für und mit kontaktlosen Multikomponenten- Chipkarten, Sicherheit in drahtlosen Sensornetzwerken (Key-Management, identitätsbasierte Kryptographie, Integritätsnachweise, sichere Zeitsynchronisierung, ...) und neue Identifikationstechnologien (Privatphäre-bewahrende Identifikation, Hardware Intrinsic Security)

Vorwort

Die neueren Entwicklungen in der Informations- und Kommunikationstechnologie führen zu einer großen Vielfalt an Endgeräten, die eine zunehmende Mobilität ermöglichen: Mobile Systeme. Neue Formen von Softwareanwendungen, sogenannte Apps, und neue Möglichkeiten zur Innovation von Geschäftsprozessen, Mobile Business, sind Ergebnisse dieser Entwicklung. Zudem verändern mobile Systeme unseren Umgang mit Daten und Anwendungen und unser Verhalten im Netz, ob im Privat- oder im Geschäftsleben.

Die Verbreitung des Internets führte bereits in den vergangenen zehn bis zwanzig Jahren zu einer Erweiterung der Anforderungen an sichere IT-Systeme. Diese Situation verschärft sich nun durch den Einsatz mobiler Systeme. Die verstärkte Nutzung mobiler Geräte darf aber nicht darüber hinweg täuschen, dass ein breiter Einsatz dieser Systeme in Wirtschaftsunternehmen erst dann stattfinden wird, wenn die Sicherheit hinreichend gewährleistet werden kann. Denn bedingt durch die hohe Anzahl integrierter Technologien sind die mobilen Systeme im Vergleich zu stationären Systemen fehleranfälliger und reicher an Schwachstellen.

Die allgemeinen Forderungen nach Vertraulichkeit, nach Integrität und nach Verfügbarkeit bleiben weiterhin gültig. Mit mobilen Systemen erhalten diese Forderungen jedoch neue Facetten. Mobile Systeme arbeiten in einem sich ständig ändernden Umfeld, das sie nicht als vertrauenswürdig voraussetzen können. Umgekehrt stellt das Netz die Anforderung, nur berechtigten und integren mobilen Teilnehmern Zugang zu gewähren.

Die Fähigkeit mobiler Geräte zur dynamischen Vernetzung stellt die Informatik vor neue Herausforderungen im Hinblick auf IT-Sicherheit, denn zum einen entstehen viele Sicherheitslücken durch Fehler in der Software und zum anderen können Softwarelösungen helfen, zahlreichen Angriffsmethoden und -arten entgegenzuwirken.

Die technischen Herausforderungen auf dem Weg zu sicheren mobilen Systemen lassen sich in folgenden Themenbereichen subsummieren, welche die Forschung bestimmen:

- Authentifizierung und Datensicherheit auf mobilen Endgräten

- Berechtigungs- und Zugriffskonzepte

- Verschlüsselung der drahtlosen Schnittstellen

Die Konferenz STeP 2012 befasst sich mit diesen Fragen aus unterschiedlichen Blickwinkeln: von mobilen Endgeräten als Sicherheitselement über Plattformen für Web-Anwendungen und Anwendungen für mobile Systeme bis hin zu Angriffsszenarien und speziellen Fragen der Netzsicherheit. Auch die Entwicklung sicherer Systeme wird thematisiert, so dass ein aktuelles Thema der Softwaretechnik, Security Engineering, zur Sprache kommt.

Beiträge zu Themen aus dem Bereich Softwaretechnologien und -prozesse, nämlich Echtzeitanwendungen sowie Modellierung und Cloud Computing, runden die Konferenzinhalte ab.

An der Organisation der Konferenz und an der Entstehung dieses Tagungsbands waren viele Personen beteiligt. Wir sind unseren Kollegen aus der Fakultät Informatik, allen voran Herrn Fabian Berner und Herrn Denis Jurkovic, dem Rektor der Hochschule Furtwangen, Herrn Prof. Dr. Rolf Schofer, und allen Helfern der Hochschule zu besonderem Dank verpflichtet. Ferner gebührt unser Dank dem Programmkomitee für die Begutachtung der Beiträge und seinen Einsatz, den engen Terminplan einzuhalten. Dem Oldenbourg Verlag danken wir für die gute Zusammenarbeit bei der Veröffentlichung des Tagungsbands.

Furtwangen, Mai 2010

Mohsen Rezagholi, Harald Gläser

Teil I: Technisches Programm

Smartphone als Sicherheitselement

Friedbert Kaspar

Fakultät Informatik
Hochschule Furtwangen
Robert-Gerwig-Platz 1
78120 Furtwangen
kaspar@hs-furtwangen.de

Abstract: Smartphones werden bald die dominierenden Mobilfunkgeräte sein. Die breite Verfügbarkeit und ihre Fähigkeiten machen sie als Element für Authentisierung oder Autorisierung interessant. Jedes Smartphone besitzt eine Kamera und erlaubt die Entwicklung von Anwendungen (Apps) für Sicherheitsfunktionen unter Nutzung der Kamera. Die Arbeit skizziert, wie mittels QR-Codes und Kamera auch ohne bestehende Mobilfunk- oder WLAN-Verbindung ein sicherer Kanal aufgebaut werden kann, der interessante Nutzungsmöglichkeiten bietet, z.B. die Übertragung von Einmalpasswörtern.

1 Ausgangslage

Nach einer Studie von IDC werden Smartphones in naher Zukunft den Markt für Mobilfunkgeräte dominieren. Marktführer bei den Betriebssystemen für Smartphones wird Android sein [1]. Handys als Basis für Bezahlsysteme erscheinen als ein kommender Milliardenmarkt [2]. Mobiltelefone finden Anwendung bei der Zustellung von Einmalpasswörtern für Authentisierungs- und Autorisierungsverfahren. Ein Beispiel ist das Mobile-TAN-Verfahren (mTAN) [3]. Die Entwicklung von Mobile-Ticketing-Systemen unter Verwendung von Mobiltelefonen ist im Gang [4]. Durch die enorm zunehmende Verbreitung, werden die Möglichkeiten von Smartphones immer interessanter. Das Potential von Smartphones als Basis für Sicherheitsfunktionen erscheint groß.

Die Kamera stellt einen Kommunikationskanal mit Potential für die Übertragung von Daten dar. Einen Hinweis darauf gibt die weit verbreitete Nutzung von QR-Codes, zur Darstellung von URL's. Der QR-Code ist ein zweidimensionaler Strichode, der gut geeignet ist, von einer Kamera erfasst oder auf einem Bild beschränkter Größe dargestellt zu werden. Der QR Code ist von der ISO normiert und frei verfügbar [5]. Ein zweiter zweidimensionaler, normierter, frei verfügbarer, populärer Strichcode ist der Matrixcode [6]. ZXing (ausgesprochen "zebra crossing") ist eine freie Bibliothek zur Verarbeitung von Strichcodes verschiedener Formate. Unter anderem unterstützt sie den QR-Code und den Matrixcode [7]. Der Fokus von ZXing liegt auf der Nutzung der Kamera zum Einlesen von Strichcodes und auf der Dekodierung der Strichcodes. Die Entwicklung von Anwendungen, die Strichcodes verwenden wird stark vereinfacht.

2 Idee

Basis für die hier dargestellten Ansätze ist die Idee, mit Kamera, QR-Code und dazugehöriger Bildbearbeitungssoftware einen Kommunikationskanal aufzubauen. Der QR-Code ist ein Fehler korrigierender Code, mit einer maximalen Nettokapazität von 2.953 Byte, bei dem minimalen Fehlerkorrekturlevel von 7%. Durch die breite Verwendung zur Übertragung von URL gibt es umfangreiche Erfahrung mit der Robustheit des Verfahrens, insbesondere mit Smartphones. URLs bis ca. 300 Byte lassen sich auch durch ältere Mobiltelefone mit gering auflösender Kamera ($<$1,5Megapixel) zuverlässig erfassen. Eigene Untersuchungen haben diesen verschiedenen Internetquellen entnommenen Wert bestätigt. Der QR-Code kann also genutzt werden, zur Übertragung von Nachrichten mit einigen hundert Byte.

Ein interessanter Anwendungsfall ist z.B. die abhörsichere Übertragung von Einmal-Passwörtern. Durch die Verschlüsselung der Daten beim Sender und Entschlüsselung beim Empfänger kann eine sichere Übertragung implementiert werden. Natürlich könnte man das verschlüsselte Passwort auf dem Anmeldebildschirm als Text anzeigen, es ablesen, in das Smartphone eintippen und das vom Smartphone entschlüsselte Passwort dann auf dem Anmeldebildschirm eingeben. Dies ist jedoch wesentlich umständlicher als einen QR-Code zu fotografieren und dann das Passwort abzulesen und einzugeben.

Ein zweiter Anwendungsfall wäre ein Challenge Response-Verfahren, das unter Nutzung von QR-Codes implementiert wird. Eine als Herausforderung erzeugte Zufallszahl wird durch den QR-Code übermittelt, vom Empfänger mit einem geheimen Schlüssel verschlüsselt und das Ergebnis als Antwortcode zurück gesandt. Hier gilt wie oben, dass es bequemer und weniger fehlerträchtig ist, den Zufallscode in Form eines CR-Codes zu fotografieren, als ihn in das Smartphone einzutippen. Es besteht natürlich auch die Möglichkeit, den Antwortcode auf dem Bildschirm des Smartphone als QR-Code zu präsentieren, anstatt ihn über eine Tastatur einzugeben.

Ein Anwendungsszenario, bei dem 10 Zeichen übertragen werden müssen, kann durch Abschreiben realisiert werde, eines mit 100 Zeichen kaum. Ein interessanter Fall ist die Absicherung einer Onlineüberweisung. Die Grundidee ist die Nutzung einer TAN. Das Problem dabei ist die Gefahr, dass der Rechner, der für die Überweisung genutzt wird durch einen Trojaner korrumpiert ist, die Transaktion also der Man-in-the-Middle-Attacke ausgesetzt ist. Eine umfassende Darstellung von Online-Banking-Verfahren und Ihrer Angreifbarkeit durch Trojaner gibt [8]. Ein Verfahren, das inzwischen von vielen Banken zur Absicherung von Onlineüberweisungen eingesetzt wird, ist das mTAN-Verfahren. Siehe Abbildung 1.

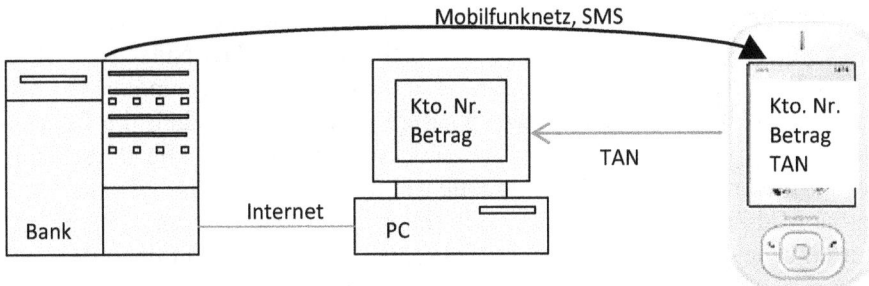

Abbildung 1: mTAN-Verfahren. Betrag und Kontonummer der Überweisung werden auf dem PC und dem Mobiltelefon dargestellt.

Über eine SMS wird die Transaktionsnummer (TAN), d.h. das Einmalpasswort, die Kontonummer des Empfängers der Überweisung und der Überweisungsbetrag an das Mobiltelefon übermittelt. Um einen erfolgreichen Angriff gegen ein Konto zu führen, muss sowohl der PC über den die Überweisung beauftragt wird, als auch das Mobiltelefon korrumpiert werden. Statt das Mobilfunknetz als getrennten Kanal für die Übertragung dieser Daten zu nutzen, kann ein vom PC logisch getrennter Kanal von der Bank zum Mobiltelefon durch einen QR-Code mit verschlüsselten Daten aufgebaut werden. Dieser Ansatz wird in Kapitel 4 analysiert.

In Kapitel 3 werden verwandte Ansätze vorgestellt. Es werden Arbeiten diskutiert [9,10] bei denen zur Realisierung der Absicherung von Banktransaktionen QR-Codes verwendet werden. Das chipTAN-Verfahren wird skizziert und das Google-Projekt Sesame [12] vorgestellt. In Kapitel 4 wird die Nutzung von QR-Codes zur Übertragung von TANs als Alternative zum mTAN-Verfahren dargestellt und analysiert. Kapitel 5 fasst die Aussagen des Artikels zusammen und Kapitel 6 gibt einen Ausblick auf weitere Möglichkeiten für den Einsatz von Smartphones für Sicherheitsfunktionen bzw. –lösungen und damit verbundene Anforderungen an Smartphones.

3 Verwandte Ansätze

Durch einen Strichcode kodierte Daten mit der Kamera auf ein Smartphone zu übertragen ist ein allgemeiner Ansatz, der vielfältig genutzt werden kann.

Die in [9] und [10] vorgestellten Verfahren ähneln sich stark. [10] ist später erschienen und nimmt keinen Bezug auf [9]. Der schematische Aufbau in [9] und [10] entspricht Abbildung 1, wobei der QR-Code-Kanal die Mobilfunk-verbindung ersetzt. Das Ziel beider Verfahren ist die Absicherung gegen ei-nen Trojaner auf dem PC, auf dem die Überweisung durchgeführt wird. Bei-de Artikel beschreiben ein Verfahren, bei dem ein Zufallscode von der Bank zum Smartphone übertragen und auf dem Smartphone eine kryptografische Prüfsumme über die Transaktionsdaten, einen Zeitstempel und den Zufalls-code gebildet wird. Die Verfahren sind recht komplex. Der Nutzen verschie-dener Elemente bleibt unklar. Ein Zeitstempel erscheint unnötig. Norma-lerweise wird zur Verhinderung von Replay-Attacken einfach die Lebens-dauer eines Zufallscodes, bzw. Einmalpassworts begrenzt. Die Berechnung einer Prüfsumme auf dem Smartphone ist ungeeignet zur Abwehr einer Man-in-the-Middle-Attacke. Einen Man-in-the-Middle-Angriff kann der Benutzer nur erkennen, wenn er die Transaktionsdaten auf dem PC mit den Daten auf dem Smartphone vergleicht. Der Vergleich einer Prüfsumme auf dem Bild-schirm, auf dem die Überweisung angezeigt wird, mit der Prüfsumme auf dem Smartphone ist dazu ungeeignet. Diese Maßnahme lässt sich leicht aus-hebeln, da der Benutzer nicht erkennt, ob die Prüfsumme aus den dargestell-ten Transaktionsdaten berechnet wurde. Ein Angreifer nimmt die Prüfsumme P_m für die manipulierte Transaktion von der Bank und stellt sie mit der kor-rekten Transaktion T auf dem Browser dar. Auf dem Browser wird also die vom Benutzer intendierte Transaktion T dargestellt, die Prüfsumme P_m auf Browser und Smartphone entspricht der manipulierten Transaktion. Die Übertragung der Prüfsumme P_m durch den Benutzer vom Smartphone auf den PC ist ebenfalls nutzlos, wenn als Prüfsumme auf dem Smartphone P_m berechnet wird. Es gibt keine Hinweise auf eine Implementierung des darge-stellten Konzepts und keine berichteten Erfahrungen mit einem implemen-tierten System.

Das chipTAN-Verfahren ist ein Verfahren [11] zur Absicherung von Online-Banktransaktionen. Dabei werden die Überweisungsdaten vom PC Bild-schirm an ein separates, speziell für diesen Zweck zu beschaffendes Gerät zur Bestätigung übertragen und danach generiert das Gerät die TAN. Die Kommunikation zwischen dem TAN-Generator und dem PC Bildschirm, auf dem die Online-Überweisung durchgeführt wird, übernimmt ein optisches Verfahren, bei dem ein Flickercode übertragen wird. Der Aufbau ähnelt Ab-bildung 1, wobei der Flickercode einen optischen Kommunikationskanal liefert, der die Mobilfunkverbindung ersetzt und das Mobiltelefon durch ein spezielles Gerät ersetzt wird. Einen Überblick über die gängigen Methoden zur Absicherung von Bank Transaktionen gibt [12].

Das Google-Projekt Sesame [13] arbeitet an einem Verfahren für ein sicheres Einloggen bei Google-Accounts. Will sich ein Benutzer einloggen, wird auf dem Bildschirm eines - potentiell unsicheren - Rechners ein QR-Code ange-zeigt und mit einem (Android-) Smartphone fotografiert. Eine zugehörige

App sendet nach Freigabe durch den Benutzer eine Nachricht, durch die der Nutzer ohne Eingabe eines Passwortes eingeloggt wird. Dazu muss das Smartphone über eine Internetverbindung verfügen. Nach kurzer Freischaltung ist das Projekt zurzeit nicht erreichbar. Die Übertragung eines Einmalpasswortes mit dem QR-Code hätte den gleichen Vorteil, dass ein Trojaner keine nutzbare Passwortinformation erhält, wäre jedoch einfacher und bräuchte keine bestehende Netzverbindung des Smartphone mit eventuell anfallenden Kosten. Natürlich fehlt diesem Ansatz die Magie von Sesame, den Zugang auf einem PC mit einem Knopfdruck auf einem Smartphone freizuschalten.

Anwendungsfall

Als Anwendungsfall soll die Implementierung eines Verfahrens beschrieben werden, bei dem über einen logisch sicheren Kanal, der mit dem QR-Code realisiert wird, ein Einmalpasswort und Transaktionsdaten zwischen Bank und Smartphone übertragen werden. Sicherheitseigenschaften des Verfahrens sollen untersucht und mit anderen Verfahren verglichen werden. Das Verfahren wird im Folgenden als bcTAN-Verfahren bezeichnet, da es analog zum mTAN- oder chipTAN-Verfahren funktioniert, wobei die TAN durch einen Barcode übermittelt wird. Da der Begriff QR-TAN in [9] für das dort beschriebene Verfahren geprägt wurde, wird die Bezeichnung qrTAN hier nicht verwendet, obwohl es sich bei dem in [9] beschriebenen Verfahren im engeren Sinn nicht um ein TAN-Verfahren handelt. Vom Beratungshaus PPI wurde, für ein zum bcTAN Verfahren analoges Verfahren, der Begriff photoTAN-Verfahren verwendet [14]. In [15] wurde der Begriff ekaay-TAN Verfahren geprägt.

Wie beim mTAN-Verfahren wird ein Einmalpasswort, d.h. die TAN über einen von der Transaktion getrennten Kanal übertragen. Beim mTAN-Verfahren erreicht man die Absicherung der Transaktion durch getrennte Endgeräte und Netze. Die beim mTAN-Verfahren genutzte Mobilfunkverbindung, wird durch einen durch Verschlüsselung logisch vom Transaktionskanal getrennten Kanal von der Bank zum Smartphone ersetzt. Die Übertragung von der Bank bis zum Browser findet über die http bzw. https Verbindung statt, die Übertragung vom Browser zum Smartphone mit Hilfe des QR-Codes. Wie beim chipTAN-Verfahren werden Daten über einen optischen Code vom Browser zu einem separaten Gerät übertragen. Der verschlüsselte Kanal besteht zwischen Bank und Smartphone.

Das Verfahren kann folgenermaßen implementiert werden:

1. Initialisierungsphase
   1.1 Auf dem Smartphone wird die bcTAN-App aus einem vertrauenswürdigen App-Store installiert.
   1.2 Die Bank sendet per Post einen geheimen Schlüssel, kodiert in einem QR-Code, zum Kunden. Der Kunde initialisiert die bcTAN-App durch Scannen des QR-Codes mit dem Smartphone. Bei einer vorhandenen Schlüsselinfrastruktur (Public-Key-Infrastruktur) kann der Schlüsselaustausch entfallen.

2. Transaktion
   2.1 Die Bank beantwortet die über den Browser angeforderte Transaktion mit einem im Browser dargestellten QR-Code.
   2.2 Der Kunde fotografiert den QR-Code
   2.3 Die bcTAN-App stellt die Transaktionsdaten und die TAN auf dem Bildschirm des Smartphones dar.
   2.4. Der Kunde vergleicht die Transaktionsdaten auf dem Smartphone mit den Daten im Browser.
   2.5 Der Kunde gibt die Transaktion durch Eingabe der TAN im Browser frei.

Das Verfahren hat vergleichbare Sicherheitseigenschaften zum mTAN-Verfahren. Es schützt gegen einen Trojaner auf dem PC, wenn der Benutzer das Verfahren ordnungsgemäß anwendet, d.h. insbesondere Schritt 2.4 durchführt. Es schützt nicht, wenn sowohl der PC als auch das Smartphone durch einen Angriff korrumpiert sind. Ein erfolgreicher Angriff auf das mTAN-Verfahren durch den ZeuS-Trojaner ist bekannt [16]. Das mTAN-Verfahren funktioniert mit jedem Mobilfunkgerät, da es nur den Empfang von SMS voraussetzt. Die Verwendung eines Smartphones für das mTAN- oder bcTAN-Verfahren birgt, durch die Möglichkeit Anwendungen zu installieren, höhere Risiken, als die Verwendung eines einfachen Mobiltelefons für das mTAN-Verfahren. Das mTAN-Verfahren erfordert eine bestehende Mobilfunkverbindung und führt zu laufenden Kosten durch die SMS. Das bcTAN-Verfahren verlangt eine Kamera und die Möglichkeit, die bcTAN-App zu installieren. Es verlangt keine Mobilfunkverbindung und verursacht keine laufenden Kosten. Die Initialisierung ist beim bcTAN-Verfahren aufwendiger als beim mTAN-Verfahren. Legt der Kunde großen Wert auf Vertraulichkeit, bietet das bcTAN-Verfahren Vorteile, da beim mTAN-Verfahren über die Mobilfunkdaten, die Transaktion mit seiner Identität verknüpft werden kann.

Das chipTAN-Verfahren verlangt ein separates Gerät. Da dieses nicht manipuliert werden kann, ist es sicherer als das bcTAN-Verfahren. Die Anzeige dieser speziellen Geräte ist jedoch sehr beschränkt. Deshalb ist das bcTAN-Verfahren komfortabler für den Benutzer. Insbesondere bei großen Überweisungsdaten bietet der Smartphone-Bildschirm erhebliche Vorteile für die

Prüfung der Transaktionsdaten durch den Benutzer. Beim chipTAN-Verfahren muss der Benutzer die Transaktionsdaten auf dem chipTAN-Gerät einzeln bestätigen, bevor er die TAN erhält. Das weist den Benutzer auf seine Aufgabe hin, die Daten auf dem chipTAN-Gerät mit den Daten im Browser zu vergleichen, kann ihn jedoch nicht dazu zwingen. Die Bestätigung der Transaktionsdaten lässt sich beim bcTAN-Verfahren leicht implementieren. Sie ist nicht möglich für das mTAN-Verfahren.

Die Entwicklung eines Prototyps für eine bcTAN-App mit Initialisierung und Demonstrationswebseite hat nur wenige Personentage Aufwand benötigt. Die Struktur der App ist sehr einfach. Somit erscheint das Risiko von sicherheitskritischen Fehlern bei der Implementierung gering. Tests mit diesem Prototyp zeigten, dass das Verfahren benutzerfreundlich und robust ist.

5 Zusammenfassung

Der Beitrag diskutiert Möglichkeiten, die die Nutzung von Smartphone-Kamera und Barcode bietet, Sicherheitselemente zu implementieren. Kamera und Barcode eröffnen einen Kommunikationskanal, zur Übertragung von Einwegnachrichten. Durch zusätzliche Nutzung des Smartphone-Bildschirms, können aber auch Protokolle des Anfrage-Antwort-Typs implementiert werden. Am Beispiel des bcTAN-Verfahrens wurde gezeigt, wie dieser Kommunikationskanal zur Übertragung von Einmalpasswörtern und Transaktionsdaten genutzt werden kann. Gemeinsamkeiten und Unterschiede zwischen bcTAN-, mTAN- und chipTAN-Verfahren wurden diskutiert.

Sicherheitsmaßnahmen müssen, um erfolgreich zu sein, kostengünstig zu implementieren, einfach zu handhaben, billig im Betrieb und robust gegen Anwenderfehler sein. Der Beitrag liefert Argumente, dass die dargestellten Ansätze das Potential haben, diese Anforderungen zu erfüllen.

6 Ausblick

Der Erfolg von Sicherheitsmaßnahmen hängt oft entscheidend vom Benutzer ab. Das mTAN-, das chipTAN-, sowie das bcTAN-Verfahren verlangen für Ihre Wirksamkeit den Vergleich der im Browser und auf dem Smartphone angezeigten Transaktionsdaten. Vielen Bankkunden, die das mTAN-Verfahren nutzen, ist das nicht bewusst, wie Untersuchungen zeigen. Der Benutzer neigt bei wiederkehrenden Routinen, wie der Prüfung der Daten beim chipTAN-Verfahren dazu, ohne Prüfung den OK Knopf zu drücken. Das bcTAN-Verfahren kann so erweitert werden, dass mit dem QR-Code auf dem Browser auch die Transaktionsdaten gescannt und automatisch mit den auf dem Smartphone vorliegenden Daten verglichen werden.

Ein Motiv von Google für das Sesame Projekt ist der Schutz vor der Ausspähung von Zugangsdaten, insbesondere User-ID und Passwort des Google Accounts, in einer unsicheren Umgebung. Abhilfe schafft die Nutzung von Einmal-Passwörtern, die über einen sicheren Kanal übertragen werden oder ein Challenge Response-Verfahren. Durch Nutzung eines QR-Codes kann beides benutzerfreundlich implementiert werden. Das ist nicht so „cool" wie Sesame, dafür robust und einfach.

Daten durch einen Strichcode auf ein Smartphone zu übertragen, öffnet einen zusätzlichen Kommunikationskanal zum Smartphone. Einen Strichcode auf dem Bildschirm des Smartphone anzuzeigen, ergibt einen Kommunikationskanal vom Smartphone. Das ergibt zusammen einen bidirektionalen Kommunikationskanal, mit dem auch komplexere Protokolle z.B. vom Anfrage-Antwort-Typ realisiert werden können. Hier könnte für manche Anwendungsszenarien eine Alternative zur Nahfeldkommunikation (NFC) liegen, insbesondere da die Verbreitung von NFC auf Mobiltelefonen schleppend voran geht [17].

Durch die Nutzung des Smartphone als Element einer Sicherheitslösung, stellt sich natürlich verstärkt die Frage nach der Integrität des Smartphone. Wie kann die Installation eines Trojaners verhindert oder erkannt werden? Wie kann die Sicherheit von geheimen Schlüsseln im Smartphone gewährleistet werden. Welche Maßnahmen müssen für den Fall des Verlustes oder nach Verlust des Smartphone getroffen werden?

Eine hardwarebasierte Verankerung von Sicherheitseigenschaften wie Verschlüsselung oder Schlüsselspeicher ist bei NFC durch das Secure Element gegeben [18]. Dabei wird das NFC-Element eng verzahnt mit einer Smart Card im MicroSD-Format, einer UICC (Universal Integrated Circuit Card) oder mit einem im Prozessor integrierten Sicherheitsmodul und isoliert von der sonstigen Funktionalität des Mobiltelefons. Eine interessante Frage ist, ob es gelingen kann, eine entsprechend enge Verzahnung zwischen einem Secure Element und dem bcTAN-Verfahren zu erreichen mit einer gleichzeitigen Isolation von der sonstigen Smartphone-Funktionalität.

Literatur

[1] IDC - Press Release. Online verfügbar unter http://www.idc.com/getdoc.jsp?containerId=prUS22762811, zuletzt geprüft am 19.01.2012.

[2] Mobile Bezahlsysteme. Online verfügbar unter http://www.wiwo.de/technologie/digitale-welt/mobile-bezahlsysteme-handyriesen-schmieden-ungewoehnliche-allianz/5156058.html, zuletzt geprüft am 01.02.2012.

[3] Fiducia (2012). Online verfügbar unter http://flash.fiducia.de/ebanking/mobiletan_kurz/popup.html, zuletzt aktualisiert am 19.01.2012.

[4] Wikipedia: Mobile Ticketing. Online verfügbar unter http://de.wikipedia.org/wiki/Mobile-Ticketing, zuletzt geprüft am 01.02.2012.

[5] ISO/IEC 18004:2006; Information technology -- Automatic identification and data capture techniques -- QR Code 2005 bar code symbology specification

[6] ISO/IEC 16022:2006; Information technology -- Automatic identification and data capture techniques -- Data Matrix bar code symbology specification

[7] ZXing ("Zebra Crossing"). Online verfügbar unter http://code.google.com/p/zxing/, zuletzt geprüft am 18.1.12.

[8] Bernd Borchert: Online Banking Verfahren. Online verfügbar unter http://www-ti.informatik.uni-tuebingen.de/~borchert/Troja/Online-Banking.shtml, zuletzt geprüft am 05.03.2012.

[9] Starnberger, Guenther; Froihofer, Lorenz; Goeschka, Karl M.: QR-TAN: Secure Mobile Transaction Authentication. In: Availability, Reliability and Security, 2009. ARES '09. International Conference on, S. 578–583.

[10] Young Sil Lee; Nack Hyun Kim; Hyotaek Lim; HeungKuk Jo; Hoon Jae Lee: Online banking authentication system using mobile-OTP with QR-code. In: IEEE, ICCIT 2010, 5. International Conference, S. 644–648.

[11] Die deutsche Kreditwirtschaft: Spezifikation. Online verfügbar unter http://www.hbci-zka.de/spec/spezifikation.htm, zuletzt geprüft am 02.02.2012.

[12] BSI: So funktioniert das Online-Banking. Online verfügbar unter https://www.bsi-fuer-buerger.de/BSIFB/DE/SicherheitImNetz/OnlineBan

king/SoFunktioniertDasOnlineBanking/so_funktioniert_online_banking_n
ode.html, zuletzt geprüft am 16.03.2012.

[13] Matt Lynley (2012). Online verfügbar unter
http://www.businessinsider.com/heres-googles-latest-weird-gimmick-
for-logging-into-your-google-accounts-2012-1, zuletzt aktualisiert am
20.01.2012.

[14] PPI: Barcode auf dem Handy: photoTAN-Verfahren für sichere Online-
Transaktionen (Banken + Partner 6/2008). Online verfügbar unter
http://www.ppi.de/fileadmin/pdf/Pressebelege/b_p_Barcode_auf_dem_H
andy_06.08.pdf, zuletzt geprüft am 16.03.2012.

[15] ekaay. Online verfügbar unter http://www.ekaay.com/, zuletzt geprüft
am 05.03.2012.

[16] Heise Online: ZeuS-Trojaner befällt Android. Online verfügbar unter
http://www.heise.de/security/meldung/ZeuS-Trojaner-befaellt-Android-
1278449.html, zuletzt geprüft am 16.03.2012.

[17] Near Field Communication. Online verfügbar unter
http://de.wikipedia.org/wiki/Near_Field_Communication, zuletzt geprüft
am 01.02.2012.

[18] GlobalPlatform's Proposition for NFC Mobile: Secure Element Management and Messaging. White Paper (2009). Online verfügbar unter
http://www.globalplatform.org/documents/GlobalPlatform_NFC_Mobile
_White_Paper.pdf, zuletzt aktualisiert am 02.02.2012.

Plux.NET - A Dynamic Plug-in Platform for Desktop and Web Applications in .NET

Markus Jahn[1], Markus Löberbauer[1], Reinhard Wolfinger[2],

Hanspeter Mössenböck[2]

Christian Doppler Laboratory for Automated Software Engineering[1]
Institute for System Software[2]
Johannes Kepler University
Altenberger Straße 69
A-4040 Linz
{markus.jahn | markus.loeberbauer | reinhard.wolfinger | hanspeter.moessenboeck}@jku.at

Abstract: Plug-in frameworks support the development of component-based software that is extensible and can be customized to the needs of specific users. However, most plug-in frameworks target desktop applications and do not support web applications that can be extended by end users. In contrast to that, our plug-in framework Plux supports desktop as well as web applications. Plux tailors applications to the needs of every user, by assembling it from a user-specific component set. Furthermore, Plux supports end-user extensions, by integrating components provided by the end user, even into web applications. Plux supports distributed web applications, by integrating components on the client machines into the web application. Plux allows application developers to restrict who is allowed to extend an application, at which points the application can be extended by a specific third party, and which operations such extensions are allowed to perform. And finally, Plux allows developers to retrofit security around unsecured components by specifying security constraints declaratively.

1 Introduction

Although modern software systems tend to become more and more powerful and feature-rich they are still often felt to be incomplete. It will hardly ever be possible to hit all user requirements out of the box, regardless of how big and complex an application is. One solution to this problem are plug-in frameworks that allow developers to build a thin layer of basic functionality that can be extended by plug-in components and thus tailored to the needs of specific users.

Most plug-in frameworks target desktop applications, but are typically unsuitable for building extensible web applications. For us, a web application is a program that is concurrently used by multiple persons, over a network using a web browser. In domains where customer requirements vary greatly (e.g., in business software) a web application should be extensible by end users to meet their specific needs.

Making a web application extensible must go beyond componentization. Every user should be able to extend the application in his own way, i.e. he should be able to add custom extensions without changing the application for other users. We are aware that extensions provided by end users raise security concerns. Therefore Plux implements a security mechanism based on signed assemblies and .NET code access security. Depending on the identity of the manufacturer, Plux decides if a component can be loaded and in which parts of the application it can be used. Components can also be partially trusted, in that case they can be executed in a sandbox with limited rights.

Distribution of components across several computers is another issue, because installing components only on the server does not cover all extensibility scenarios. For example, if a component needs to access client-side hardware, such as a barcode scanner, the component must run on the client and not on the server. Such client-side components should be capable of being integrated into the web application as well.

Over the past few years we have developed the plug-in framework Plux. Originally, Plux focused on dynamically reconfigurable desktop applications. Lately we extended Plux for web applications and addressed the problems of extensibility and distribution. A Plux web application can be extended by custom plug-ins both on the server-side and on the client-side. Plug-ins which are distributed across multiple computers can still be integrated into a single seamless application.

Our research was conducted in cooperation with BMD Systemhaus GmbH. BMD is a medium-sized company offering a comprehensive suite of enterprise applications, such as customer relationship management, accounting, production planning and control. Because BMD's target market is fairly diversified, ranging from small tax counsellors to large corporations, customization and extensibility are essential parts of BMD's business strategy. As BMD offers both a desktop and a web version of their software, they want to use Plux for both versions and reuse components where possible.

This paper is organized as follows: Section 2 describes the concepts of the Plux framework. Section 3 describes the architecture of the Plux composition infrastructure and the automatic composition process. Section 4 discusses related work. It describes to what extent current desktop plug-in frameworks can be used to build extensible web applications and how non-plug-in-based web development platforms address extensibility. Section 5 finishes with a summary and an outlook to future work.

2   Concepts of Plux

The Plux framework supports the dynamic composition of applications using a plug-and-play approach [1]. It facilitates extensible and customizable applications that can be reconfigured without restarting them. Reconfiguring applications can be done in a plug-and-play manner and does not require any programming. If a user wants to add a feature, he just drops a plug-in (i.e., a DLL file) into a directory. Plux discovers the plug-in on-the-fly and integrates it into the application without requiring a restart. Similarly, if the user wants to remove a feature, he removes the corresponding plug-in from the directory.

Together with our industrial partner BMD, we applied Plux to their customer relationship management (CRM) product [2]. By allowing dynamic addition and removal of CRM features, we support a set of new usage scenarios, such as on-the-fly product customization during sales conversations or incremental feature addition for step-by-step user trainings [3].

The main characteristics of Plux are: the *composer*, the *composition events*, the *composition state*, and the *replaceable component discovery mechanism*. These characteristics distinguish Plux from other plug-in systems [4], such as OSGi [5], Eclipse [6], and NetBeans [7], and allow Plux to replace programmatic composition by automatic composition. *Programmatic composition* means that components query a service registry and integrate other components programmatically. *Automatic composition* means that the components declare their requirements and provisions using metadata; the *composer* in Plux uses these metadata to match requirements and provisions and to connect matching components automatically. During composition, Plux sends *composition events* to which the affected components can react. Plux also maintains the *current composition state*, i.e. it stores which components use which other components. As components can retrieve the global composition state, they do not need to store references to the components they use. *Discovery* is the process of detecting new components and extracting their metadata. Unlike in other plug-in systems, the discovery mechanism is not an integral part of Plux, but is a plug-in itself. This makes the mechanism replaceable. The following subsections cover those characteristics in more detail.

2.1   Metadata

Plux uses the metaphor of extensions that have slots and plugs (Fig. 1). An *extension* is a component that provides services to other extensions and uses services provided by other extensions. If an extension wants to use a service of some other extension it declares a *slot*. Such an extension is called a *host*.

If an extension wants to provide its service to other extensions it declares a *plug*. Such an extension is called a *contributor*.

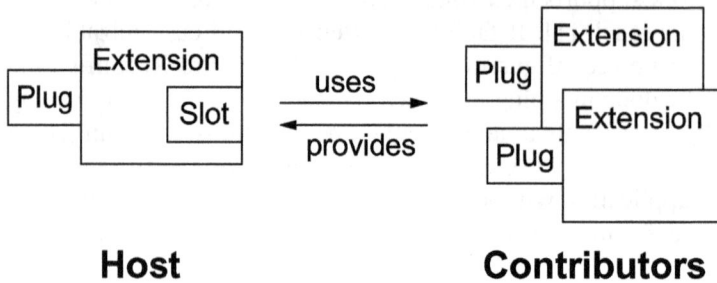

Host   **Contributors**

Figure 1: Extensions with slots and plugs

Slots and plugs are identified by names. A plug matches a slot if their names match. If so, Plux will try to connect the plug to the slot. A slot represents an interface, which has to be implemented by a matching plug. The interface is specified in a *slot definition*. A slot definition has a unique name as well as optional parameters that are provided by the contributors and retrieved by the hosts. The names of slots and plugs refer to the respective slot definitions.

The means to provide metadata is customizable in Plux. The default mechanism extracts metadata from .NET attributes in assembly files. Attributes are pieces of information that can be attached to .NET constructs, such as classes, interfaces, methods, or fields. At run time, the attributes can be retrieved using reflection [8].

Plux has the following custom attributes: The *SlotDefinition* attribute to tag an interface as a slot definition, the *Extension* attribute to tag classes that implement components, the *Slot* attribute to specify requirements for optional contributors in hosts, the *Plug* attribute to specify provisions in contributors, the *ParamDefinition* attribute to declare required parameters in slot definitions, and the *Param* attribute to specify provided parameter values in contributors. Although the default mechanism for providing metadata (namely by .NET attributes) limits parameter values to compile-time constants, Plux in general can use arbitrary objects as parameter values.

Let us look at an example now. Assume that a host wants to print log messages as errors or warnings. The loggers should be implemented as contributors that plug into the host. Every logger must use a parameter to specify whether it prints errors or warnings. First, we have to define the slot into which the logger can plug (Fig. 2).

```
public enum LoggerKind { Warning, Error }

[SlotDefinition("Logger")]
[ParamDefinition("Kind", typeof(LoggerKind))]
public interface ILogger {
  void Print(string msg);
}
```

Figure 2: Definition of the *Logger* slot

Next, we write logger contributors. Fig. 3 shows the logger for errors. The logger for warnings is implemented similarly (not shown). Since *ErrorLogger* has a *Logger* plug it has to implement the interface *ILogger* specified in the slot definition of *Logger*. It also has to provide a value for the parameter *Kind* specified in the slot definition.

```
[Extension]
[Plug("Logger")]
[Param("Kind", LoggerKind.Error)]
public class ErrorLogger : ILogger {
  public void Print(string msg) {
    Console.WriteLine(msg);
  }
}
```

Figure 3: *ErrorLogger* as a contributor for the *Logger* slot

Finally, we implement the application that uses the loggers (Fig. 4). In order to be able to use loggers it has a *Logger* slot. It also has an *Application* plug that fits into the *Application* slot of the Plux core. At startup, Plux creates an instance of *HostApp* and connects it to the core. The full implementation of *HostApp* is shown in Section 2.4.

```
[Extension]
[Plug("Application")]
[Slot("Logger")]
public class HostApp : IApplication {
  public HostApp(Extension e) { ... }
  void Work() { ... }
}
```

Figure 4: Application host with a *Logger* slot

2.2 Discovery

In order to match requirements and provisions, Plux uses the metadata of the
extensions. Extensions are deployed as plug-ins, i.e. DLL assembly files. A
plug-in can contain several functionally related extensions that should be
jointly installed. The discoverer is the part of Plux which discovers plug-ins
and provides the metadata for the extensions in the plug-in. Plux supports
dynamic discovery, i.e. plug-ins can be added and removed without restarting the application. The default discoverer reads the metadata from attributes
stored in the plug-in assemblies. As the discoverer is an extension itself, one
can write custom discoverers, e.g., to retrieve metadata from a database or
from a configuration file.

2.3 Composition

Composition is the mediating process which matches the requirements of
hosts with the provisions of contributors. In Plux, this is done by the composer. The composer assembles programs from the extensions provided by
the discoverer. Thereby it connects the slots of hosts with the plugs of contributors.

When the discoverer provides a new extension, the composer integrates it
into the program on-the-fly. Similarly, if an extension is removed from the
plug-in repository, the composer removes it from the program.

Integrating an extension means, that the composer instantiates it and connects its plugs with the matching slots of extensions in the program. If a plug
is connected to a slot, we call this relationship *plugged*. Removing an extension means that the composer unplugs the instances of this extension from
the slots where they are plugged, i.e. it removes the plugged relationship for
the corresponding slots and plugs.

Slots can declare whether they want an instance of their own or a shared instance of a contributor. The composer connects a new instance to slots that
want their own instance and the same (shared) instance to slots that want the
shared instance.

2.4 Composition State

In Plux, all connections between components are established by the composer. Therefore the composer has full knowledge about the instantiated extensions, their slots and plugs as well as about their connections. This is
called the *composition state*. If a host wants to use its plugged contributors, it
can simply retrieve them from the composition state. For every instantiated
extension, the composition state holds the *meta-object* of the extension, the

meta-objects of its slots and plugs as well as a reference to the corresponding *extension object* (Fig. 5). For every slot, the composition state also indicates which plugs are connected to this slot.

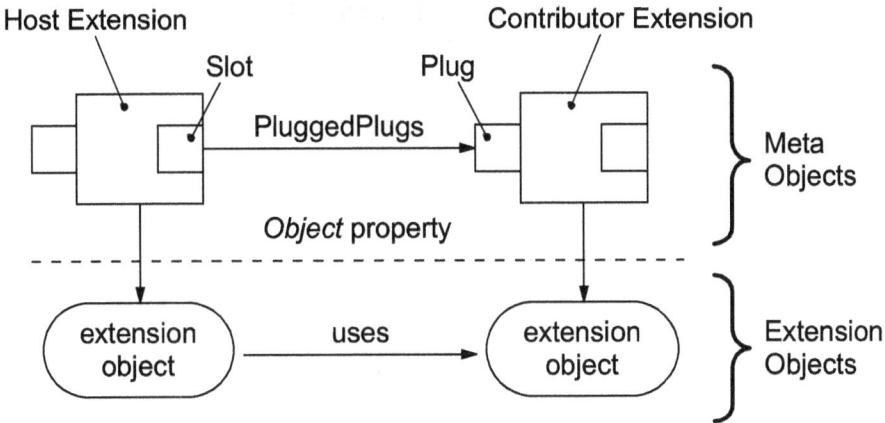

Figure 5: Meta-objects for instantiated extensions in the composition state

Fig. 6 describes the host of Fig. 4 in more detail showing how meta-objects can be used by a program. When the composer creates an extension it passes the extension's meta-object to the constructor. In Fig. 6, the constructor retrieves the meta-object of the slot *Logger* and starts a new thread. In the *Run* method, the host does its work and uses the connected loggers to print a message. It retrieves the loggers using the *PluggedPlugs* property of the logger slot. For each logger, it checks the logger kind using the parameter *Kind*. Finally, it retrieves the extension objects for loggers of the desired kind and prints the message.

```
[Extension]
[Plug("Application")]
[Slot("Logger")]
public class HostApp : IApplication {
  Slot s; // logger slot
  public HostApp(Extension e) {
    s = e.Slots["Logger"];
    new Thread(Run).Start();
  }
  void Run() {
    while(true) {
      string msg; LoggerKind kind;
      Work(out msg, out kind);
      foreach(Plug p in s.PluggedPlugs) {
```

```
        if((LoggerKind) p.Params["Kind"]
            == kind) {
          Extension e = p.Extension;
          ILogger logger = (ILogger)e.Object;
          logger.Print(msg);
        }
      }
      Thread.Sleep(2000);
    }
  }
  void Work(out string msg,
      out LoggerKind kind) {
    /* not shown */
  }
}
```

Figure 6: Application host using logger contributors

2.5 Composition Events

In addition to accessing the composition state, a host can listen to composition events. This is appropriate for hosts that want to react to added or removed contributors immediately, e.g., in order to show them in the user interface. Fig. 7 shows a modified version of our host from Fig. 6. It uses the *Slot* attribute to register event handler methods for the *Plugged* and *Unplugged* events. In this example, the event handlers just print out which logger was plugged or unplugged.

```
[Extension]
[Plug("Application")]
[Slot("Logger",
  OnPlugged="Plugged",
  OnUnplugged="Unplugged")]
public class HostApp : IApplication {
  ...
  void Plugged(CompositionEventArgs args) {
    Extension e = args.Plug.Extension;
    ILogger logger = (ILogger) e.Object;
    logger.Print("plugged: " + e.Name);
  }
  void Unplugged(CompositionEventArgs args) {
    ...
    logger.Print("unplugged: " + e.Name);
```

```
    }
    void Run() { ... }
    void Work(...) { ... }
}
```

Figure 7: Modified application reporting connected contributors

This completes the example. We compile the slot definition interface *ILogger* to a DLL file, the so-called *contract* assembly. Contracts and plug-ins should be separate DLL files, because bundling slot definitions with extensions would constrain customization. We could not use a slot definition in a program without also including the extensions that come with it. If we compile the classes *ErrorLogger* and *HostApp* to plug-in DLL files and drop them into the plug-in repository of Plux everything will fall into place. The Plux infrastructure will discover the extension *HostApp* and plug it into the *Application* slot of Plux. It will also discover the extension *ErrorLogger* and plug it into the *Logger* slot of *HostApp* (Fig. 8).

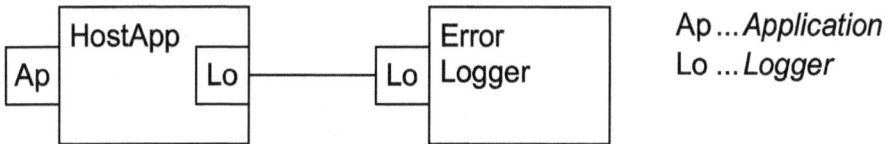

Figure 8: Composed application with host and logger contributor

2.6 Lazy Activation

In order to minimize startup time and memory usage, Plux supports lazy activation of extensions. This means that contributors are only instantiated on demand, i.e. when the host accesses the extension's *Object* property. For the example in Fig. 6 this has the effect that loggers which do not match the desired kind are not instantiated; only their meta-objects exist.

If a contributor is no longer needed and the host wants to release the resources used by it, the host can deactivate the contributor. To deactivate means to free the extension object, so that only its meta-object remains. On the next access to the *Object* property, the contributor is automatically reactivated.

Hosts can listen to the composition events *Activated* and *Deactivated* if they want to distinguish between activated and deactivated contributors. Typically such a host cooperates with another host. The first host handles only activated contributors while the other one controls which contributors get activated.

For example, a window host might show a child window for every activated contributor, while a menu host might allow the user to activate and deactivate contributors causing child windows to be opened or closed.

2.7 Programmatic Composition

The mechanism described in the previous sections, where the composer makes connections and extensions retrieve connections, is called automatic composition. In addition to that, hosts can assemble contributors using programmatic composition, i.e. the host can control how the composer assembles the program. For example, the host can use API calls to integrate specific contributors, a script interpreter can assemble a program from a script, or a serializer can restore a previously saved program.

2.8 Composition Restrictions

The developer of an extension can manage composition restrictions for it, i.e. constrain to which other extensions it is allowed to contribute, and constrain which other extensions are allowed to be hosted in its slots. Composition restrictions are specified with attributes: the *AllowPlugTo* attribute specifies where the extension can be plugged, and the *AllowPlugFrom* attribute specifies which extension can be plugged into the slots of the extension. Extensions are identified using the digital signatures specified in the certificate files. Figure 9 shows an example for composition restrictions. They ensure that the host application plugs only to hosts from the manufacturer of Plux, and that only contributors from certified partners of the application are plugged.

```
[Extension]
[Plug("Application")]
[AllowPlugTo("Plux.cer")]
[Slot("Logger",  ...)]
[AllowPlugFrom("CertifiedPartners.cer")]
public class HostApp : IApplication { ... }
```

Figure 9: Extension with in-component restrictions

2.9 Retrofitted Security

Plux comes with a security library that can be used to retrofit security. This library contains three predefined security devices: the composition interceptor, the call interceptor, and the sandbox. For scenarios which are not covered by the predefined devices, developers can program custom devices.

2.9.1 Composition Interceptor

The composition interceptor can be used to prevent the integration of un-trusted plug-ins. It can block discovery, instantiation, and connection of components. Thereby, a plug-in can be identified by different evidences, e.g., the location of a plug-in file, the signature of a plug-in, or the origin of a plug-in.

Security devices are configured using restrictions. A restriction specifies a device name and multiple parameteres which comprise a name and value. Figure 10 shows two example restrictions for composition interceptors: The first restriction blocks connections from a contributor *DataStore* in the plug-in *Data.dll* to extensions from plug-ins that are located outside of the trusted folder. The second restriction goes even further and blocks all instantiations from plug-ins outside the trusted folder.

```
restriction(CompositionInterceptor)
      action = "blockConnection"
      host = "not in (plugins/trusted/**)"
      contributor = "plugins/Data.dll/DataStore" .
restriction(CompositionInterceptor)
      action = "blockInstantiation"
      extension = "not in (plugins/trusted/**)"
```

Figure 10: Example configuration file for composition interceptors

2.9.2 Call Interceptor

The call interceptor can be used to control the data flow between compo-nents. It can block calls to components, blank out return values and sanitize arguments, and log and report component calls.

Figure 11 shows an example restriction for the call interceptor. The re-striction blocks calls to write methods on connections which use the slot def-inition Data. The restriction applies to plug-ins which are located outside the trusted folder. As the call interceptor needs to distinguish between read-only and write methods, the methods must be annotated in the interface of the slot definition using read and write attributes (cf. Figure 12). If the slot definition does not contain these annotations, the developer must implement a custom call interceptor.

```
restriction(CallInterceptor)
      action = "blockComponentCall"
      slot = "Data"
      attribute = "Write"
```

```
host = "not in (plugins/trusted/**)"
name = "WriteProtector" .
```

Figure 11: Example configuration file for a generated call interceptor

```
SlotDefinition("Data")]
interface IData {
    [Read] object Get(...);
    [Write] void Put(Object ...);
}
```

Figure 12: Slot definition with classified read and write methods

2.9.3 Sandbox

The sandbox can be used to restrict security-relevant functionality, e.g., net-working, file access, and introspection. It blocks calls to the system libraries. Figure 13 shows an example restriction for a sandbox. The restriction re-quires a sandbox in which extensions cannot access the network. The re-striction applies to hosts from the untrusted folder to which contributors from the trusted folder are connected.

```
restriction(Sandbox)
    permissionSet = "NetworkingDisabled"
    host = "plugins/untrusted/**"
    contributor = "plugins/trusted/**"
    target = "host" .
```

Figure 13: Example configuration file for a sandbox

2.10 Web Application Support

Web applications face similar problems as desktop applications: If they get big and feature-rich, they become hard to understand and difficult to main-tain. They are hardly customizable and usually not extensible by end users. Furthermore, web applications cannot access the local hardware of client computers. In order to solve these problems we applied the plug-in approach also to web-based software. While the original version of Plux targeted sin-gle-user desktop applications, we enhanced it so that it can be used to build multi-user web applications.

Plux makes web applications extensible. Extensions can either be installed by the administrator or by the end user. Authorized users can install them directly on the server, while non-authorized users can install them on the client. Regardless of where an extension is installed, it is always seamlessly integrated into the web application.

Plux allows setting different user scopes. Extensions can be made available for *all users* of a web application, for a *group of users*, or for a *single user*. Thus every user can have an individual set of components, i.e., an individual composition state.

Depending on their type of integration, extensions are classified into three categories: a) *Server-side* extensions are installed and executed on the server. b) *Client-side* extensions are installed and executed on the client. c) *Sandbox* extensions are installed on the server, but executed in a sandbox on the client. Regardless of where the extensions are executed, Plux composes them into a coherent web application giving the user a seamless experience. The composition in Fig. 14 shows the different integration types. The server-side extensions *Su*, *E1*, *E2*, and *E3* constitute the base configuration that is available to all users. The server-side extension *E4* is user-specific and therefore available only for a single user. The client-side extensions *E5* and *E6* are user-specific extensions that are remotely plugged into the web application as well as the sandbox extensions *E7*, *E8*, and *E9*.

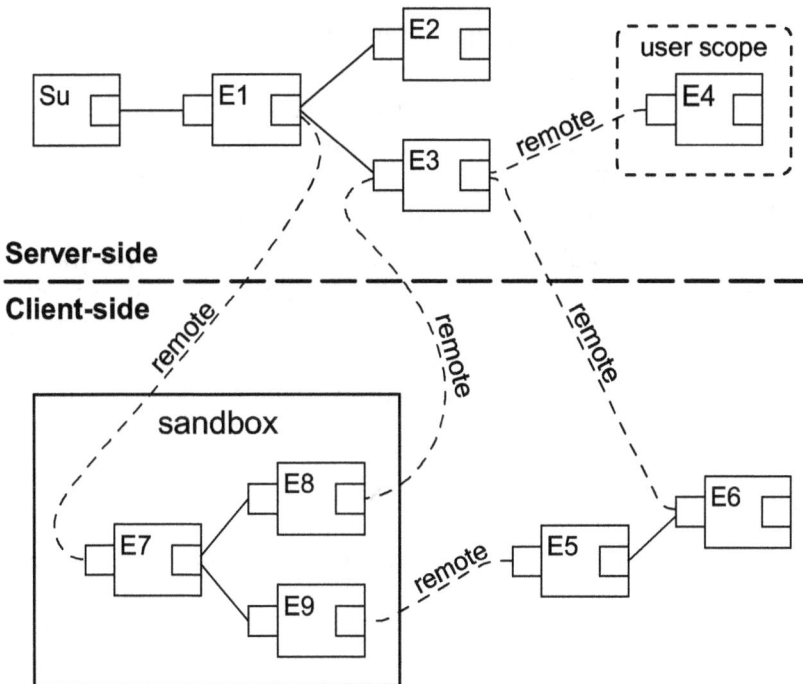

Figure 14: Composition with server-side, client-side and sandbox extensions

Server-side, client-side and sandbox extensions are implemented in exactly the same way. The different modes in which they are composed and executed are managed by Plux. Therefore, a server-side extension of one web application can be reused as a client-side extension in some other web application and vice versa. The only exception are client-side extensions that use local devices: these extensions have to run on the client on which this device is installed.

2.10.1 Server-side Extensions

The server-side extensions are installed and executed on the server. Because they are executed on the same server as the base components, there is no performance penalty caused by remote communication and they are available regardless from which computer the user connects. However, server-side extensions increase the work load on the server and may execute malicious code. For that reason, user-specific server-side extensions are executed in an individual user scope and users typically need to be authorized to install extensions on the server.

2.10.2 Client-side Extensions for Single Users

Client-side extensions are installed on the client and are remotely plugged into the web application. To plug remotely means that the host and the contributor are executed on different computers. Plux creates proxies on both sides on-the-fly. These proxies handle the communication between the host and the contributor transparently, i.e., Plux allows every extension to run remotely without any special coding effort.

Client-side extensions allow users to build components that integrate local hardware or software into the web application. Furthermore, since client-side extensions are installed on client computers, they open the web application also for extensions of users who are not authorized to install extensions on the server. The disadvantage of client-side extensions is that the remote execution of extensions causes some communication overhead.

2.10.3 Sandbox Extensions

Like client-side extensions, the sandbox extensions in this scenario are executed on the client, but unlike client-side extensions, they are installed on the server and downloaded to the client on demand. On the client, they are executed in a sandbox, e.g., in the Silverlight environment. This integration type is useful for building rich user interfaces for web applications. Because sandbox extensions are executed on the client, they reduce the work load on the server.

2.11 More Features

Other features of Plux that cannot be discussed at length here are *slot behaviors* that allow developers to specify how slots behave during the composition (e.g., one can limit the capacity of a slot to *n* contributors, or automatically remove a contributor from a slot when a new contributor is plugged), *component templates* to define generic extensions, that can be reused with different metadata in different parts of the program, as well as a *scripting API* that allows experienced users to override the operations of the composer. For a more extensive description of these features see [1, 9, 10].

3   Composition Infrastructure of Plux

The composition infrastructure builds programs from contracts and plug-ins. It discovers extensions from a plug-in repository and composes the program from them by connecting matching slots and plugs. The plug-in repository is typically a directory in the file system containing contract DLL files (with slot definitions) and plug-in DLL files (with extensions).

3.1 Architecture

Fig. 15 explains the subsystems of the composition infrastructure and how they interact. The *discoverer* ensures that at any time the type store contains the metadata of extensions and slot definitions from the plug-in repository. When the discoverer detects an addition to the repository, it extracts the metadata from the DLL file and adds them to the type store. Vice versa, when it detects a removal from the repository, it removes the corresponding metadata from the type store. The discoverer is implemented as an extension itself. Thus, it can be replaced with or extended by other discoverers.

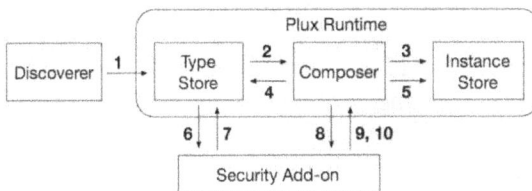

1 Adds and removes contracts and plug-ins	6 Asks if discovery is allowed
2 Notifies on changes	7 Removes plug-ins
3 Queries for matching slots	8 Asks if composition is allowed
4 Queries for matching plugs	9 Provides sandboxes and interceptors
5 Stores instance metadata and relationships	10 Removes connections and instances

Figure 15: Architecture of the composition infrastructure

The *type store* maintains the metadata of slot definitions and extensions which are available for composition and notifies the composer about changes. When new metadata become available or when metadata are removed, the composer updates the program. In addition to that, the type store can be queried for contributors, e.g., by the composer when it tries to fill slots.

The composer assembles a program by matching requirements and provisions. It listens to changes in the type store and updates the program accordingly. If extensions become available or unavailable, it integrates or removes them and updates the composition state held in the instance store.

The *instance store* maintains the composition state of a program, i.e. the meta-objects of extensions, slots and plugs as well as the relationships between them. The instance store is also used by other tools which, for example, visualize the composition state and its changes during run time. Plux includes a visualizer tool which uses a notation similar to the one in the figures of this paper.

The *security add-on* is an optional part of the composition infrastructure. If the security add-on is installed, it blocks illegal composition operations, isolates plug-ins in sandboxes, and wires interceptors between extensions. Otherwise, if the security add-on is not installed, the composition infrastructure works without security restrictions.

3.2 Composition Process

The composition process is directed by the composer. On changes in the type store, the composer updates the program by matching slots and plugs. If a contributor becomes available in the type store, the composer queries the instance store for matching slots. A plug matches a slot if their names match. The composer plugs a matching plug into a slot if the slot definition is available, the plug implements the interface of the slot definition, and the plug provides values for the parameters declared by the slot definition. To plug a contributor means to instantiate it, add it to the instance store, and add a *plugged* relationship between the host and the contributor to the instance store. As the composer now treats the contributor itself as a host, it opens its slots and fills them with other contributors. In that way the composer continues the composition until all qualifying extensions are assembled.

Vice versa, if a contributor is removed from the type store, the composer queries the instance store for relationships containing the contributor's plugs. If it finds such relationships, it unplugs the contributor's instance. To unplug a contributor instance means to close its slots, to remove the *plugged* relationship from the instance store, to remove the contributor instance from the instance store, and to release it. Closing the contributor's slots causes the decomposition to be propagated, i.e. all contributors are unplugged from those slots as well.

Fig. 16 shows the steps performed by the composer when it activates a host and fills its slots. In Fig. 16.1, the extension *E1* is plugged into some host (not shown) but is not activated. In Fig. 16.2, the host of *E1* accesses the *Object* property of *E1*. Thus, the composer activates *E1*, i.e. it instantiates the associated extension object. As part of the activation, the composer opens the slot *S1* of *E1* (Fig. 16.3). Opening *S1* causes the type store to be queried for plugs matching *S1*. In our example, the composer finds *E2* with the plug *S1*. It creates an instance of *E2* and plugs it into *S1* of *E1* (Fig. 16.4). In Fig 16.5 the composition is completed and *E2* is in same state as *E1* in Fig 16.1.

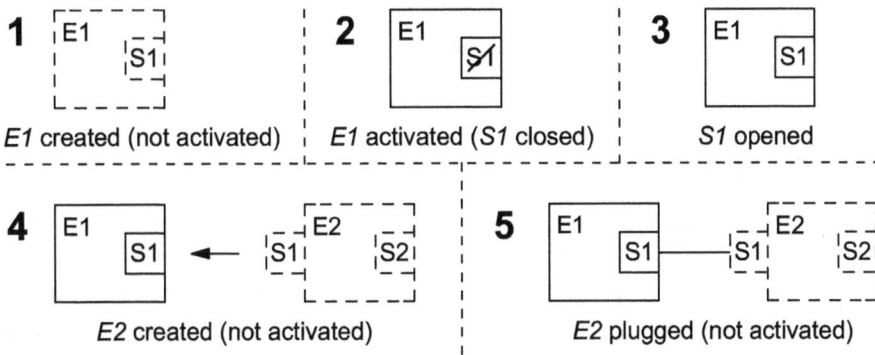

Figure 16: Steps of the Plux composition process

3.3 Runtime

The Plux runtime implements the composition infrastructure. To start a Plux program, one has to launch the runtime and provide a discoverer as well as the plug-in repository with the components that make up the program. At startup, the runtime activates its built-in *Startup* extension, which is the root for the Plux program. It has two slots: one for discoverers and one for applications.

To start the logger application from Section 2, we put the *Logger* contract, the *HostApp* plug-in, and the *ErrorLogger* plug-in into the plug-in repository, which is a file system folder. When we launch the runtime, we pass the folder and a file system discoverer as command-line arguments. The composer plugs the discoverer into the *Discoverer* slot of the *Startup* extension (Fig. 17). The *Startup* extension activates the discoverer, which discovers the contracts and the plug-ins from the provided folder. After the *HostApp* extension has become available in the type store, the composer plugs it into the *Application* slot of the *Startup* extension. The *Startup* extension activates

HostApp, whereon the composer fills the *HostApp*'s *Logger* slot, i.e., it plugs the *ErrorLogger* extension.

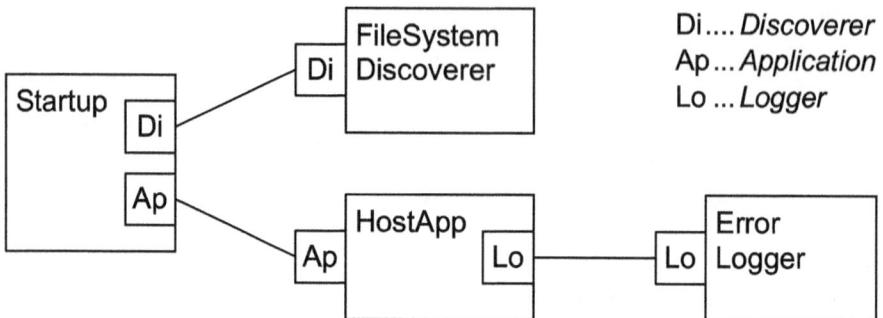

Figure 17: Plux runtime with startup extension and composed logger application

3.4   Security Add-on

The security add-on is integrated into the runtime. Fig. 15 in Section 3.1 shows how it interacts with the type store and with the composer. When a discoverer reports metadata, the type store asks the add-on if the discovery is allowed. If the security add-on blocks the discovery, the type store discards the reported metadata. When the composer instantiates an extension or connects two extensions, it firstly asks the add-on if the operation is allowed. If the add-on blocks the operation, the composer cancels the operation. If the add-on allows an instantiation, it can restrict the permission set for the created extension. The composer implements the restrictions by creating the extension in a sandbox with the provided permission set. If the add-on allows a connection, it can provide an interceptor which the composer wires between the two extensions.

Furthermore, the security add-on can become active to enforce restrictions by removing plug-ins, severing connections, or destroying extensions. This is necessary to respond to environmental changes, e.g., if a time slot passes, or the computer is connected to a network.

3.4.1 Security Devices

The security add-on comes with a library of predefined devices. It includes a composition interceptor, a call interceptor, and a sandbox. For scenarios which are not covered by predefined devices, developers can program custom devices.

The security add-on holds a chain of devices. For every operation request from Plux, the add-on consults all devices consecutively. If a device blocks the operation, the consultation ends and Plux cancels the operation. Only if all devices allow the operation, Plux proceeds with it (cf. Figure 18).

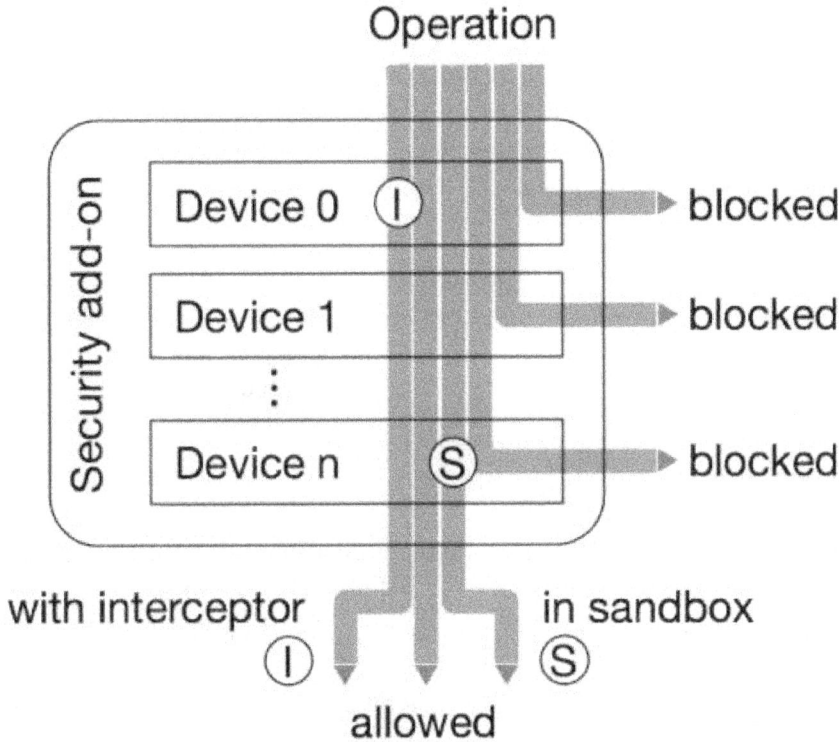

Figure 18: Chained security devices in the security add-on

If a device allows the instantiation of an extension, it can provide a permission set to limit what the extension can do. If multiple devices provide a permission set, the intersection of all permission sets will be used. If a device allows a connection, it can provide an interceptor. If multiple devices do so, the interceptors are chained.

3.4.2 Configuration

The security add-on reads the device configurations from configuration files. Multiple configuration files allow different stakeholders to specify restrictions, e.g., one file for the administrator and one for the user. A configuration consists of multiple restrictions. A restriction specifies a device name and multiple parameters which comprise a name and a value. The security add-on comes with an extensible device library. If a restriction cannot be realized with a predefined device, developers can program their own device.

3.5   Web Support

The web runtime of Plux provides the infrastructure for running plug-in-based web applications like the ones that were shown in Section 2.10. It extends the Plux desktop runtime with the following features:

- ulti-user support. For every user the web runtime maintains an individual set of plug-ins and an individual composition state.

- istribution support. The web runtime can compose a web application from extensions running on different computers by plugging them remotely. It provides a distributed composition infrastructure that maintains the composition state of a distributed web application.

3.5.1 Multi-user Support

This section describes the infrastructure necessary to support multiple users with different sets of server-side extensions on a single web server. The handling of client-side extensions and distribution is shown in Section 3.5.2.

The web runtime supports multiple users by maintaining one *runtime node* per user on the web server. A runtime node comprises the infrastructure necessary to compose the web application for the corresponding user, i.e. a type store, an instance store, and a composer (Fig. 19). The type store maintains the type metadata for the user's extensions. The instance store maintains the user's composition state. The instances in a user's composition state are isolated from the composition states of other users, i.e., instances are not shared among users.

The composer is bound to the type store as well as to the instance store of a user. It assembles the extensions from the type store and stores the composition state in the instance store. For reasons of responsiveness, every runtime node is executed in a separate thread so that the composition for multiple users occurs concurrently.

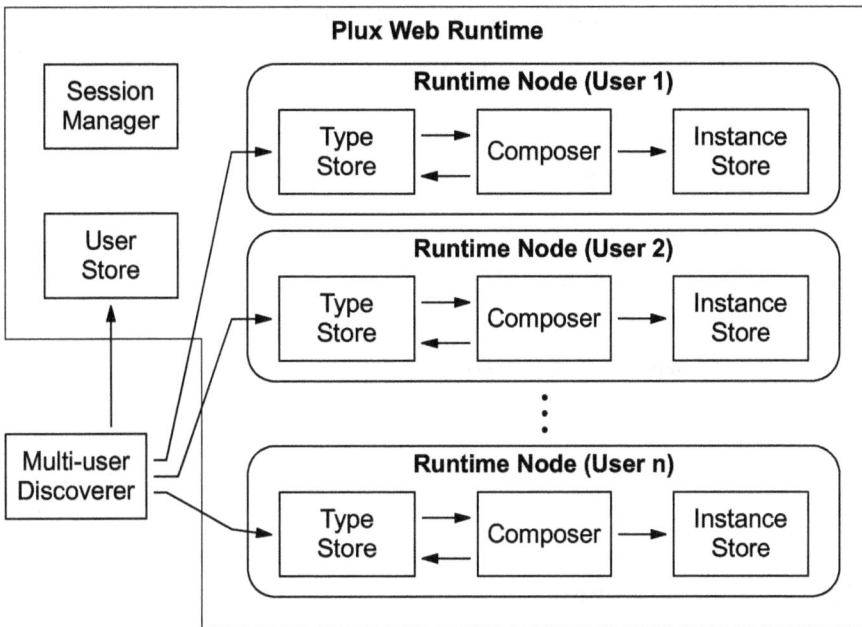

Figure 19: Architecture of the multi-user composition infrastructure

The server runs a *session manager* which creates a new runtime node when a user session begins, and releases the node when the session ends. During a session it reuses the runtime node for every request of this user.

Users can be hierarchically organized into groups. A user can be a member of multiple groups and a group can contain multiple users and groups. These membership relations are maintained in a *user store* (Fig. 20a).

Server-side extensions are kept in different directories on the server. For every user and for every group there is a directory with the user or group name, which contains the extensions that are specific to this user or group. In addition to that, there is a *Base* directory containing the extensions for all users as well as an *Anonymous* directory containing extensions for unauthenticated users (Fig. 20b).

The user's identity and his group memberships determine which plug-ins are available for him. For example, user 1 gets the plug-ins *A.dll* and *B.dll* from the *Base* directory, *C.dll* from the directory of group X, and *D.dll* from his own user directory. In other words, he inherits the plug-ins from *Base* and *Group X* and adds his own plug-ins.

Sometimes it is also necessary to exclude a plug-in from the inherited set of plug-ins. This is specified with a global *configuration file* like the one in

Fig. 20c, which excludes *B.dll* for members of group X as well as *A.dll* for unauthenticated users.

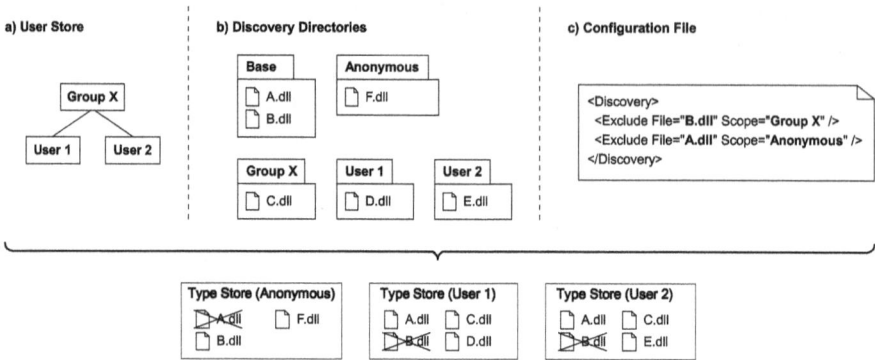

Figure 20: The multi-user discoverer uses the user store, the discovery directories, and an optional configuration file to populate the users' type stores

3.5.2 Distribution Support

Distribution support allows the web runtime to execute the extensions on different computers and still to compose a coherent application from them. The web runtime supports distribution by remotely plugging extensions and by synchronizing the type stores and instance stores across multiple runtime nodes. For every user there is a runtime node in the web runtime and a runtime node on the client. We implemented client runtimes in different flavours, namely as plug-ins for Mozilla Firefox and Microsoft Internet Explorer, as a Silverlight application for rich client applications, and as a standalone application.

Remotely plugged extensions communicate via *extension proxies* on both sides of the line. An extension proxy consists of a proxy object, which communicates with the remote proxy, and a copy of the communication partner's meta-object, which represents the remote extension in the local instance store. The web runtime dynamically creates a contributor proxy on the host's runtime node, and a host proxy on the contributor's runtime node. These two proxies handle the remote communication, such that the host and the contributor need not care about distribution.

Fig. 21 shows a verbose and a compact notation for remotely plugged extensions. When the host *H* wants to call a method of the contributor *C*, it calls the corresponding method of the host-side *Proxy C*, which sends the call to contributor-side *Proxy H*. On the contributor-side, *Proxy H* calls the method of the contributor *C*. The results are sent back in the same way.

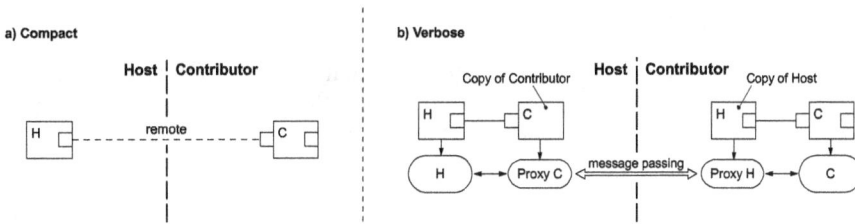

Figure 21: Compact and verbose notation for remotely plugged extensions

Every client as well as every Silverlight environment has its own runtime node with a replicated copy of the user's server-side composition state, i.e., the user's type store and instance store. In order to synchronize the composition states in the runtime nodes of the same user, the web runtime combines them into a common *user runtime*. Fig. 22 shows the user runtime of user 1 with two runtime nodes that are connected via *node coordinators*. The node coordinators synchronize the type stores and the instance stores, coordinate the composers, and provide a communication API for the proxies.

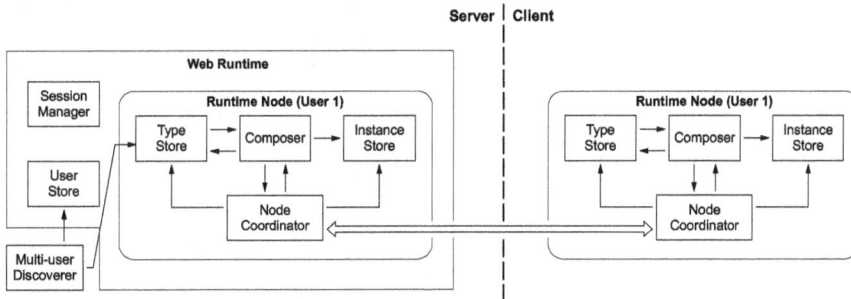

Figure 22: Distributed user runtime with interconnected runtime nodes

For consistency reasons, only one node per user runtime can be active at a time. In order to ensure this, the connected runtime nodes pass a token between each other. Only the node with the token can be active. Composition operations on this node do not lead to an immediate update of the other nodes. Only when the token is passed to some other node of the same user runtime, this node gets updated, i.e., it synchronizes its type store and its instance store with the data from the node that released the token. The node coordinator passes the token along when control is transferred to an extension that is executed on some other runtime node. Furthermore, a node coordinator can request the token with a broadcast to the connected runtime nodes. This happens, for example, when a user interaction initiates a composition operation on a runtime node that does not have the token.

4 Related Work

Plug-in frameworks have become quite popular recently. However, most of them were designed for building rich client applications and not for building web applications. Even frameworks that do allow building web applications lack support for per-user extensibility and customization.

Web programming platforms, on the other hand, support building web applications for multiple users, but without plug-in extensibility. Of course, there are web applications that support customization and per-user extensibility. However, such features are usually not provided by the platform, but have to be programmed by hand.

4.1 Plug-in Frameworks

The *Eclipse* Rich Client Platform [6] is a Java-based development platform for extensible desktop applications. Eclipse is based on the OSGi framework Equinox [5], which allows dynamic loading of components. Like Plux, Eclipse consists of a core that can be extended with plug-in components. The differences between Eclipse und Plux are: (1) The discovery mechanism for retrieving the metadata of components is an integral part of Eclipse, whereas in Plux it is an extension that can be replaced. (2) In Eclipse, the Java implementation of components is separated from their metadata, which are kept in XML files. In Plux, the metadata of components are specified with .NET attributes, which are placed directly in the source code. (3) In Eclipse, the hosts integrate their contributors themselves, whereas in Plux, programs are assembled automatically by the composer. (4) Eclipse maintains a registry of installed components, but only the hosts know which components they actually use. In contrast to that, Plux maintains a global composition state that keeps track of which components use which other components. (5) To support dynamic reconfiguration, an Eclipse host must provide both an implementation for integrating contributors at startup time and another one for integrating them dynamically at run time. In Plux, a single mechanism is used for integrating contributors both at startup time and at run time.

The Eclipse Rich AJAX platform RAP [11] allows building web applications using Eclipse plug-ins. A server-side Equinox environment [12] loads the Eclipse plug-ins on the web server and RAP delivers the user interface to the web browser using web technologies such as HTML and JavaScript. However, RAP does not maintain a global composition state, neither for a single user and even less for multiple users. It also does not support per-user customization.

SOFA 2 [13, 14, 15] is a system for building distributed component-based applications. The hierarchical component model distinguishes primitive and composite components. Primitive components are programmed, whereas composite components are declaratively composed from other primitive or composite components. The runtime environment allows users to transparently distribute the components across multiple nodes. The distributed components communicate with each other using automatically generated connectors. For communication, the connectors can use method invocation, message passing, streaming, or distributed shared memory. The runtime environment allows reconfiguring an application by adding, removing, and updating components at run time. The differences between Sofa and Plux are: (1) Sofa uses an architecture description language (ADL) to specify how a program should be composed from components. In contrast to that, Plux automatically establishes the desired composition by matching the requirements and provisions of components specified in their metadata. (2) Like Plux, Sofa can dynamically reconfigure an application. However, Sofa requires configurations to be statically specified in ADL, whereas Plux composes programs in a plug-and-play manner. (3) Sofa lacks support for extensible multi-user web applications, as it does not maintain the composition state for multiple concurrent users.

4.2   Web Programming Platforms

The Java Enterprise Edition (Java EE) [16] allows developing multi-tiered web applications using server and client components. Components on the server can be web components such as Java Servlets and JavaServer Faces as well as business components such as Enterprise JavaBeans. Components on the client can be application clients (rich-client applications) and applets. The differences between Java EE and Plux are: (1) Java EE applications are programmatically composed, whereas Plux applications are composed automatically in a plug-and-play manner. (2) Java EE lacks built-in support for per-user customization as well as for transparent remote plugging and unplugging. It also does not maintain a global composition state.

Web services [17] are a means to provide a public API for components over a network. Thus they can be used to build distributed component-based programs. One could compare a web service with a plug of a Plux component. In order to make a web service discoverable, it is registered in a public registry. A web service registry can be compared to a simplified Plux type store, containing only plugs. Consumers of web services typically integrate them using programmatic composition. Outside these components, the information about who uses which web service is unknown, i.e., the composition state is unavailable.

5   Summary and Future Work

In this paper we presented the dynamic plug-in framework Plux that targets
both desktop and web applications. With Plux, every user can add his own
components to a web application and has an individual composition state.
The distributed composition infrastructure of Plux automatically composes a
seamless application from components that can reside on different computers. Server-side components are installed and executed on the server. Client-
side components are installed and executed on the client and can therefore
use local resources there. Sandbox components are installed on the server,
downloaded to the client on demand, and executed in a sandbox on the client. Components of any kind can be provided for a single user or for a group
of users. The infrastructure transparently connects components that are executed either on the same computer or on different computers. The communication between remote components is handled by the infrastructure using
dynamically generated proxies. The security concepts of Plux allow specifying composition restrictions based on the identity of the contributors, and to
retrofit security using security devices.

Plux has been implemented under Microsoft .NET. However, its concepts are
easily transferrable to any other platform (e.g. Java) that supports dynamic
loading of components, interfaces, metadata annotations, as well as reflection. We have used Plux on various case studies, one of which is the time
recorder web application that was used as an example throughout this paper.

Currently we are working on a layout manager for extensible user interfaces.
Furthermore, in order to make web applications better scalable it must be
possible to persist the composition of a user on the server and to restore it at
the next round trip. Therefore, persistence is another aspect on our agenda.

Further information on Plux as well as a tutorial and a downloadable version
of the framework can be found at http://ase.jku.at/plux/.

Literatur

[1]   Wolfinger, R.: Dynamic application composition with Plux.NET: Composition model, composition infrastructure. Dissertation, Johannes Kepler University Linz, 2010.

[2]   Mittermair, C.: Zerlegung eines monolithischen Softwaresystems in ein Plug-In-basiertes Komponentensystem. Master thesis, Johannes Kepler University Linz, 2010.

[3]   Wolfinger, R., Reiter, S., Dhungana, D., Grünbacher, P., Prähofer, H.: Supporting runtime system adaptation through product line engineering and plug-in techniques. 7th IEEE Int Conf on Compos-based Softw Syst.:21.30, 2008. doi:10.1109/ICCBSS.2008.30

[4]   Birsan, D.: On plug-ins and extensible architectures. ACM Queue 3(2):40–46, 2005. doi:10.1145/1053331.1053345

[5]   OSGi Service Platform, Release 4. The Open Services Gateway Initiative. 2006, http://www.osgi.org. Accessed 28 July 2010

[6]   Eclipse platform technical overview. Object Technology International, Inc, 2003. http://www.eclipse.org. Accessed 28 July 2010

[7]   Boudreau, T., Tulach, J., Wielenga, G.: Rich client programming, plugging into the NetBeans platform. Prentice Hall International, 2007.

[8]   ECMA international standard ECMA-335, Common Language Infrastructure (CLI), 4th edn, 2006.

[9]   Jahn, M., Löberbauer, M., Wolfinger, R., Mössenböck, H.: Rule-based composition behaviors in dynamic plug-in systems. The 17th Asia-Pac Softw Eng Conf (APSEC 2010):80-89, 2010. doi: 10.1109/APSEC.2010.19

[10] Wolfinger, R., Löberbauer, M., Jahn, M., Mössenböck, H.: Adding genericity to a plug-in framework. 9th Int Conf on Gener Program and Compon Eng (GPCE 2010):93-102, 2010. doi: 10.1145/1868294.1868308

[11] The Rich Ajax Platform. 2010. http://www.eclipse.org/rap. Accessed 28 July 2010

[12] Server-side Equinox. 2010. http://www.eclipse.org/equinox/server. Accessed 28 July 2010

[13] Bures, T., Hnetynka, P., Plasil, F.: SOFA 2.0: Balancing advanced features in a hierarchical component model. 4th Int Conf on Softw Eng Res Manag and Appl (SERA 2006):40-48, 2006. doi:10.1109/SERA.2006.62

[14] Bures, T., Hnetynka, P., Plasil, F., Klesnil, J., Kmoch, O., Kohan, T., Kotrc, P.: Runtime support for advanced component concepts. 5th Int Conf on Softw Eng Res Manag and Appl (SERA 2007):337-345, 2007. doi:10.1109/SERA.2007.115

[15] Hnetynka, P., Plasil, F.: Dynamic reconfiguration and access to services in hierarchical component models. The 9th Int Symp on Compon-based Softw Eng (CBSE 2006):352-359, 2006. doi: 10.1007/11783565_27

[16] JSR 313: Java Platform Enterprise Edition 6 specification. 2007. http://jcp.org/en/jsr. Accessed 28 July 2010

[17] W3C Web services. 2002. http://www.w3.org/TR/ws-arch. Accessed 28 July 2010

Selective Availability for Security Monitoring

Rudolf Kajan, Michal Zachariáš, Adam Herout
Faculty of Information Technology
Brno University of Technology
Božetěchova 1/2
612 66 Brno, Czech Republic
fikajanr, izacharias, heroutg@fit.vutbr.cz

Abstract: This paper describes a system for determining selective availability of operators interacting with a large IPv6 security monitoring system. The system is using ultra-mobile and desktop devices as the consoles operated by the security personnel. These devices provide a number of physical and virtual sensors which are processed by a machine-learned classifier and allow for determination of the subject's availability for messages and alerts of different level of importance. The system was evaluated on a small set of skilled users in a longitudinal manner and the results are reported.

1. Introduction

Internet security receives increasing attention in order to be able to cope with security threats related to new technologies. The response time required from the security operating personnel must be trimmed to the shortest possible periods. In a research and development project targeted on IPv6 security (more details in Section 2), we have faced this need of ensuring immediate response by the security practitioners.

The security operators need to be contacted and informed about the potential security threats instantly. At the same time, they must not be overwhelmed by such information. Excessive communication and alerts from the system to the operators would force them to learn to ignore such inputs and the system's functionality would be reduced. This problem called for a solution involving determination of the operator's selective availability. Alerting the operator appropriately – according to his current context – makes the system messages more acceptable and allows for the operator's appropriate reaction. Although selective availability is a new approach when dealing with user availability and information overload, it has been successfully used in various scenarios. Examples of these include user interruptibility management in offices [7] or management of availability in instant messaging [16].

In this paper, we propose a system for mobile and desktop devices, which uses multiple (physical and virtual) sensors in order to determine the user's current context. The system operates on the mobile (or desktop) device, so that the user's sensor and status data are not transmitted to a central system. This avoids potential risks of loss of privacy, which is especially important for the security personnel. A prototype of the selective availability aware system was constructed and tested on real network data. A small group of practitioners was selected and a longitudinal study of their interaction with the system was carried out. The testers differ in their practical experience with ultra-mobile devices (smart phones, tablets). The experimental data reveal that their customs and preferences can be observed in the way they favor different channels of communication with the system.

This paper serves as a case-study of a particular application of selective availability in ultra-mobile devices. The measurements were carried out on IT experts – showing that even such instructed practitioners vary in their relationship with the ultra-mobile devices. The measured data slightly contradict an existing study in the field [16]. This shows that the application and user experience level can play an important role in selective availability and that expert systems require specialized approaches to selective availability.

2. Security Monitoring Notifications

Lawful Interception (LI) is the process whereby a Lawful Enforcement Agency (LEA) is legally allowed to intercept a target's communications for the purpose of law enforcement. One of the requirements of a LI solution is that it must capture as much of a target individual's communications as possible, as specified under the terms of a legally authorized warrant. This is a critical requirement that directly impacts on the ability of law enforcement agencies to prosecute and convict criminals [14].

A system for Lawful Interception is a tool which allows competent authorities to trace activities of suspicious subjects using public communication media like telephone networks or Internet. Most of the information about monitored target is at disposal on the side of service provider (telephone provider, Internet service provider, . . .). Therefore the system is divided into two main parts (see Figure 1, for detailed overview of architecture see [13]):

Interception device in the service provider's facility which captures communication of monitored target and passes it to competent authorities.

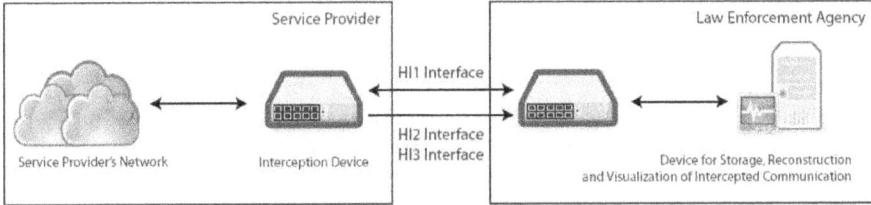

Figure 1: Lawful Interception System Architecture

On the side of the authorities it is collecting device that is able to store and further analyze captured network traffic.

The communication between these two parts conforms to the interfaces defined in the ETSI standard [10] which consists of three parts:

HI1 Interface - Used for transmission of interception requests from competent authorities and additional information about interception progress.

HI2 Interface - Used for transmission of meta-information about target's activity (e.g., beginning/end of a call, connection/disconnection to/from the network, change of identity).

HI3 Interface - Used for communication content transmission (e.g., telephone call content, text messages, data services).

The *interception device* on the side of the service provider is responsible for accepting input requests and verification of their validity, monitoring of target's activity including possible change of identity within provider's network and information about the assignment to send the data to competent authorities through *HI2 Interface*. It is also responsible for capturing target's entire communication and transmitting it to competent authorities through *HI3 Interface*.

The competent authorities' *collecting device* is responsible for accepting the captured communication from one or more service providers and ensuring safe and reliable storage of acquired information to its own data repository. After the interception, communication is classified and reconstructed into separate communication streams (e.g., FTP, email, web). Both of these tasks must be tolerant to improper data ordering and even to incomplete data.

After the reconstruction, the information about activity in the monitored networks are delivered to security operators. The often encountered problem is that operators are overwhelmed by the large amount of information and thus they are not able to promptly react to the security threats. This problem could be partially solved by hand-crafted rules (filters), but as previous research has shown, they are not very effective due to their complexity and hard maintainability. Instead, we opt for selective availability in security notifications.

3. Selective Availability for Security Monitoring

Personalization has the potential to offer many benefits. Besides alerting the user to useful information, it also allows reduction of information overload by enabling a person to be more efficient in finding the information they need [4]. Currently, personalization of services and content delivered to mobile systems is usually performed on remote systems - in the cloud, where mobile device acts as a thin client. This has been mainly due to limitations of computational power, memory, network connectivity and high power consumptions of mobile platforms.

However, recent technology advances allowed support for client-side personalization on mobile platforms. We have designed and implemented a system which utilizes selective availability and client-based personalization to deliver messages about activity in the monitored network in a way related to the user's actual context. The system consists of two parts – an application for mobile platforms and a background service for desktop systems (Figure 2). The mobile part of the system is responsible for handling the incoming messages, forwarding them to notification channels, and for gathering evidence from the sensors.

Messages for administrators are created by the Lawful Interception System by aggregating and reconstructing intercepted network data and thus carry higher semantic information about activity in the network (e.g., usage of webmail, VoIP calls or communication across various Instant Messaging protocols).

The channels represent a way in which incoming messages are processed and the notifications are delivered to the users. A simple example of the message processing consists of displaying message content, which can be further coupled with an audible or tactile notification. More complex channels are able to automatically forward the message to a nearby device and display it in a specialized browser. Understanding of the user's current context is the key to the selection of an appropriate notification channel or a combination of channels. The term context has been defined by many researchers in various ways. Schmidt et al. [15] defined it by using three dimensions: physical environment, human factors and time. Benerecetti et al. [1] modeled the context by a set of features of the environment (physical context) and the user information (cultural context). In our system, the user's context consists of time, location of the user, activities being performed by the user in this location and nearby devices with computational capabilities available to the user (e.g., notebooks, desktop PCs, PDAs). In order to avoid deployment of additional sensors into the environment to detect the user's context more accurately, the system is able to utilize also sensors on the nearby devices. The nearby devices are discovered via

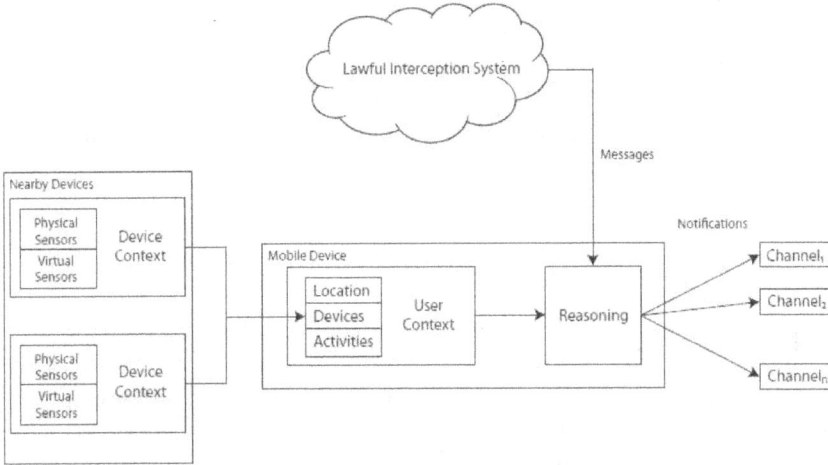

Figure 2: System overview

Bluetooth. After a successful authentication of the user, the evidence gathered from their virtual and physical sensors can be added to the evidence gathered from the user's mobile device (e.g., tablet or smart hone).

This way, the user's context can be modeled more accurately and with minimal costs and effort. This approach allows us to create an adaptive, user-centric system that is highly customizable and easily maintainable.

4. Channel Selection with Logistic Regression

Logistic regression is a model used for prediction of the probability of occurrence of an event. It makes use of several predictor features that may be either numerical or categorical. Logistic regression (or logistic model, logit model, maximum-entropy classifier) is a particular case of the generalized linear models [9]. It uses features $x_1 \dots x_k$ with corresponding weights $\beta_1 \dots \beta_k$
to determine the output:

$$f(z) = \frac{e^z}{e^z + 1} = \frac{1}{1 + e^{-z}} \tag{1}$$

$$z = \beta_0 + \beta_1 x_1 + \beta_2 x_2 + \beta_3 x_3 + \cdots + \beta_k x_k \tag{2}$$

The weights are defined by minimizing the errors between the predicted labels $f_i(\beta)$ and labels provided by users y_i through experience sampling. In our application, the Iteratively Reweighted Least Squares algorithm was used for error minimization:

$$\arg\min_{\beta} \sum_{i=1}^{n} w_i(\beta)|y_i - f_i(\beta)|^2 \tag{3}$$

We use the logistic regression classifiers to infer selection of communication channels because of the computational speed and efficiency on small ultra-mobile platforms such as phones and tablets. Besides ultra-mobile platforms, logistic regression classifiers are commonly used for classification of tasks where high performance is required, for example for email spam filtering [5] [2].

4.1. Interruption Features

We collected a variety of features based on sensor and other data that we can actively collect and have been shown to be effective at determining mobile interruptibility (e.g., [6] [17]). Examples of these features include active access point, ambient light intensity, application in focus, list of running applications and background services, nearby devices discoverable by bluetooth, active calendar events, idle time, current date and time, volume preferences, nearby Wi-Fi networks and others.

Given the communication channel Ch_i and features F representing the current user and the message context, the logistic regression model decides whether the message should ($P_{Chi}(SEND|F) > 0.5$) or should not be (when $P_{Chi}(SEND|F) < 0.5$) sent through this channel.

4.2. User experience sampling

Because users often forget to change their phone preferences themselves, we cannot automatically train a machine learning classifier using their settings as they are not an accurate indication of their actual preferences [12] [17]. Because these rules are complex, it is not feasible for users to define the rules before using our application. Instead, our application elicits the preferences from the user through experience sampling while they are using the phone.

Many different experience sampling techniques have been proposed to accurately elicit the data labels from users in order to build the classifiers. These include diary studies [3], device-initiated questions [8] and techniques based on context awareness [11].

We use the experience sampling technique to generate the training preference data that is used to learn a classifier that distinguishes users' notification preferences. Each time a user responds to the experience sampler's question, the features of the current notification and the user's response are given to the logistic regression classifier as the training data to update the weights.

5. User evaluation

We did a long-term exploratory study to get impressions of the users' availability management and usage of different notification channels.

We have recruited five subjects with long-term experience with security monitoring and network administration who use at least one ultra-mobile device (smart phone, tablet) and one desktop computer on a daily basis. The study was done in form of a four weeks long experience sampling including a short questionnaire upfront and a short semi-structured interview afterwards. For the experience sampling we have installed the mobile part of the system on the subjects' smart phones and tablets and background service on notebooks and desktop computers.

The mobile part of our system is implemented for the Android platform (minimal required version is 2.2, currently 89.8% of all Android devices satisfy this condition[1]) and uses the Android's sensor API and system-wide broadcasts to access data from physical and virtual sensors. The background service is implemented for Microsoft Windows and uses the .NET Framework and Windows SDK to access required system information.

The experience sampling sensor on the mobile platform collected samples every 20 minutes. In order to collect the sample data, a notification window was presented to the user with optional audible notification. It remained visible for sixty seconds if the user did not start to interact with it

---

[1] http://developer.android.com/resources/dashboard/platform-versions.html

and afterwards was rescheduled to appear later, with a dialog where participant should briefly state why he missed the previous notification. Otherwise it stayed open until the user confirmed her availability for the selected notification channels.

After the four week experience sampling, the data was collected from the subjects' computers, analyzed, and each subject was interviewed. The experience sampling dialog was presented 2 957 times in total, with average of 591 times per person (SD = 185.6). In average, the users answered the experience sampling dialog 407 times (SD = 132.7).

In order to allow for a comparison among our participants, we have predefined four notification channels which were used to process and deliver the messages: Specialized browser, Desktop notification, Mobile notification and Log.

As our results show, the usage of different notification channels varies among users. For two participants, the dominant notification channel was the desktop browser, which was used to process approximately 35% of all incoming messages.

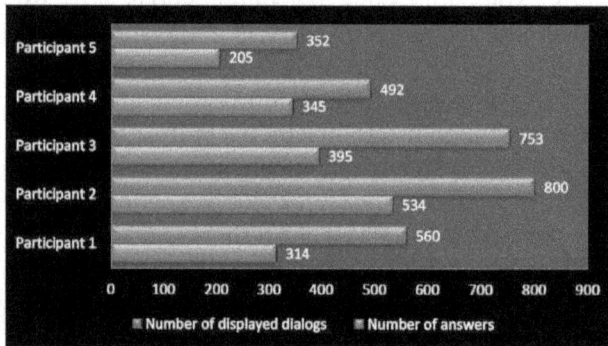

Figure 3: Number of displayed and answered dialogs for each participant

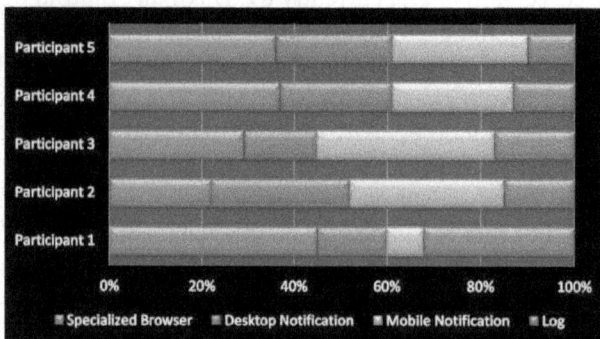

Figure 4: Usage of notification channels for each participant

The second most popular notification method was using notifications on mobile devices, displayed via a widget. The interviews have revealed that participants with longer experience with ultra-mobile devices, especially tablets, tended to use them more as the primary notification channel.

During the study, we evaluated the length of time it took before our participants would respond to the alerts and identify the main reasons for participants missing notifications. Among all participants, the most common reasons for the prolonged response were "I deliberately ignored the interruption because I was busy" (35% of all missed notifications), "My availability did not change" (28% of all missed notifications) and "I did not notice the interruption" (27% of all missed notifications).
These results differ from the results of Tang et al. [16]. They have used sensors on notebooks to identify changes in instant messaging availability of four participants and observed that the main reason among participants (55% of all notifications) for missing the notification was not noticing the interruption, regardless of used notification technique (fading window, popup window, cursor change, audio notification and systray balloon). These results suggest that notification via ultra-mobile platforms may be more efficient than the commonly used approaches on the desktop platforms.

6. Conclusions

We described a system for determining selective availability of operators interacting with a IPv6 security monitoring system. The internet security application makes special demands on the selective availability and proper operator alerting. We described the system design and mentioned important implementation details. The system was evaluated by experienced users and highlights of the survey were given in the previous section.

The results show that the selective availability can be feasibly determined by using the selected set of (real and virtual) sensors and that such system can be designed to be operational without relying on a central processing facility. The produced selective availability classifier and decision-making system is usable in practice and it will be deployed to the SEC6NET project.
In the near future, we would like to port the system for multiple mobile platforms and establish a more mature communication standard for exchange of the availability information between the devices owned by one user. We intend to carry out usability surveys on a larger set of potential users to obtain a data set which could be statistically processed with a high reliability.

7. Acknowledgements

This research was supported in the framework of the IT4Innovations Centre of Excellence project, reg. no. CZ.1.05/1.1.00/02.0070, by the research project CEZMSMT, MSM0021630528, and by the project VG20102015022 supported by Ministry of the Interior of the Czech Republic.

References

[1] M. Benerecetti, P. Bouquet, and M. Bonifacio. Distributed context-aware systems. Human-Computer Interaction, 16:213–228, Dec. 2001.

[2] M. Chang, W. Yih, and C. Meek. Partitioned logistic regression for spam filtering. In Proceedings of the 14th ACM SIGKDD international conference on Knowledge discovery and data mining, KDD '08, pages 97–105, New York, NY, USA, 2008. ACM.

[3] M. Czerwinski, E. Horvitz, and S. Wilhite. A diary study of task switching and interruptions. In Proceedings of the SIGCHI conference on Human factors incomputing systems, CHI '04, pages 175–182, New York, NY, USA, 2004.ACM.

[4] S. Gerber, M. Fry, J. Kay, B. Kummerfeld, G. Pink, and R. Wasinger. Personisj: Mobile, client-side user modelling. In P. D. Bra, A. Kobsa, and D. N. Chin, editors, UMAP, volume 6075 of Lecture Notes in Computer Science, pages 111–122. Springer, 2010.

[5] Y. Han, M. Yang, H. Qi, X. He, and S. Li. The improved logistic regression models for spam filtering. In Proceedings of the 2009 International Conference on Asian Language Processing, IALP '09, pages 314–317, Washington, DC, USA, 2009. IEEE Computer Society.

[6] J. Ho and S. S. Intille. Using context-aware computing to reduce the perceived burden of interruptions from mobile devices. In Proceedings of the SIGCHI conference on Human factors in computing systems, CHI '05, pages 909–918, New York, NY, USA, 2005. ACM.

[7] E. Horvitz. Principles of mixed-initiative user interfaces. In Proceedings of the SIGCHI conference on Human factors in computing systems: the CHI is the limit, CHI '99, pages 159–166, New York, NY, USA, 1999. ACM.

[8] E. Horvitz, P. Koch, and J. Apacible. Busybody: creating and fielding personalized models of the cost of interruption. In Proceedings of the 2004 ACM conference on Computer supported cooperative work, CSCW '04, pages 507–510, New York, NY, USA, 2004. ACM.

[9] D. W. Hosmer and S. Lemeshow. Applied logistic regression (Wiley Series in probability and statistics). Wiley-Interscience Publication, 2 edition, 2000.

[10] E. T. S. Institute. Etsi tr 101 943. Concepts of Interception in a generic Network Architecture, 7, 2001.

[11] S. S. Intille, J. Rondoni, C. Kukla, I. Ancona, and L. Bao. A context-aware

experience sampling tool. In G. Cockton and P. Korhonen, editors, CHI Extended Abstracts, pages 972–973. ACM, 2003.

[12] N. Kern and B. Schiele. Towards personalized mobile interruptibility estimation. In M. Hazas, J. Krumm, and T. Strang, editors, Location- and Context-Awareness, volume 3987 of Lecture Notes in Computer Science, pages 134–150. Springer Berlin / Heidelberg, 2006.

[13] L. Polˇcˊak, M. Grˊegr, M. Kajan, P. Matouˇsek, and V. Veselˊy. Designing lawful interception in ipv6 networks. In Security and Protection of Information, pages 114–126. Brno University of Defence, 2011.

[14] A. Rojas, P. Branch, and G. Armitage. Predictive Lawful Interception in Mobile IPv6 Networks. In 15th IEEE International Conference on Networks (ICON 2007), pages 501–506, Adelaide, Australia, 19-21 November 2007.

[15] A. Schmidt, M. Beigl, and H.-W. Gellersen. There is more to context than location. Computers & Graphics, 23(6):893 – 901, 1999.

[16] J. Tang and D. J. Patterson. Twitter, sensors and ui: Robust context modeling for interruption management. In UMAP, pages 123–134, 2010.

[17] R. Toninelli, D. Khushraj, O. Lassila, and R. Montanari. Towards socially aware mobile phones, 2008.

HPCaaS: Heiter bis wolkig

Dipl. Inform. (FH) Holger Gantikow

science + computing ag

Hagellocher Weg 73

72070 Tübingen, Germany

h.gantikow@science-computing.de

gantikow@gmail.com

Kurzbeschreibung: Der Einsatz von Ressourcen via Cloud Computing stellt inzwischen eine gängige Bezugsart von Diensten aller Art für Unternehmen beliebiger Größe dar. Gerade für den ressourcenhungrigen Bereich des High Performance Computing scheint der Umstieg auf den dynamischen Bezug aus der Wolke mit seiner nutzungsabhängigen Abrechnung reizvoll, entfallen doch die signifikanten Investitionskosten für die eigene Berechnungsinfrastruktur. Allerdings gelten für HPCaaS, speziell im industriellen Umfeld, eine Reihe von Einschränkungen wie beispielsweise Datensicherheit, die es zu berücksichtigen gilt. Dieses Dokument stellt die Restriktionen vor, gibt Hinweise, wie sie zu umgehen sind, und bietet Entscheidungshilfen, ob HPCaaS für den entsprechenden Anwendungsfall geeignet ist.

1. Einführung

Die Adaptation des dynamischen Bezugs von IT-Ressourcen aus dem „World Wide Computer", analog zum heutigen Bezug von Strom aus der Steckdose, so wie Nicolas Carr in seinem Bestseller *The Big Switch: Rewiring the World, from Edison to Google* [2] skizziert, schreitet immer weiter voran. Dieser Ansatz bietet für Unternehmen jeglicher Größe Möglichkeiten, abhängig vom tatsächlich anfallenden Bedarf, ihre Ressourcen zu skalieren und dabei auch nur nach der real angefallenen Benutzung abzurechnen [4]. Carr spitzt dies in seinem Buch so weit zu, dass am Ende jedes Unternehmen nur noch eine eigene Notversorgung im Haus behält und den Rest vom zur jeweiligen Tageszeit günstigsten Anbieter bezieht. Bis zu einer solchen Flexibilität und Transparenz ist es allerdings noch ein weiter Weg.

1.1. Cloud Computing

Der Ansatz, abstrahierte IT-Infrastrukturen als Dienst über ein Netzwerk zur Verfügung zu stellen bzw. diese zu nutzen, lässt sich für eine Vielzahl von Ressourcen anwenden. Dazu zählen reine *Infrastrukturkomponenten* wie virtuelle Maschinen, die für den jeweiligen Anwendungszweck nach Belieben konfiguriert werden können, oder Speicherkapazitäten. Darauf aufbauend können komplette *Plattformen* eingesetzt werden, die als Ablaufumgebung für eigenen Programmcode dienen - die darunter liegende Infrastrukturschicht bleibt hierbei verborgen. Die Spitze der Pyramide (vgl. Abbildung 1) bildet der Bezug kompletter *Software-Lösungen* als Dienst.

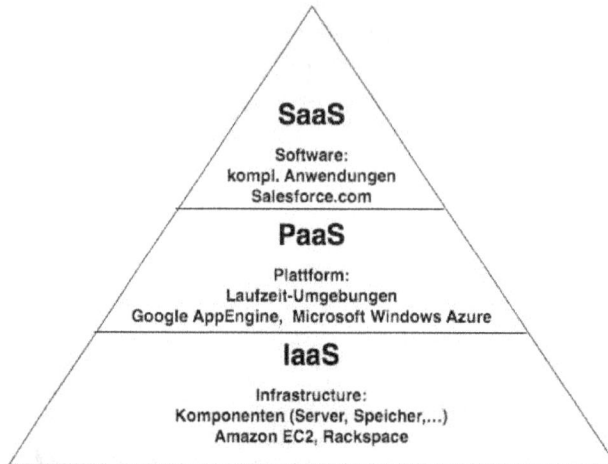

Abbildung 1. Zusammenspiel und Hierarchie der einzelnen *aaS-Optionen mit exemplarischen Vertretern.

Da sich die einzelnen Komponenten nach Belieben miteinander kombinieren lassen, ist es nur konsequent alles als Dienst anbieten zu wollen. Man spricht hierbei von *Everything as a Service* (*XaaS*), was auch das *High Performance Computing as a Service* (*HPCaaS*) mit beinhaltet und dessen Potential in dieser Arbeit untersucht werden soll.

1.2. High Performance Computing

Das High Performance Computing (HPC) setzt in der Regel eine Vielzahl von gleichartigen Computersystemen ein, die über eine Hochleistungsverbindung, beispielsweise InfiniBand, miteinander zu einem *Cluster* vernetzt sind und parallel an Berechnungen partizipieren. Sie werden primär für wissenschaftliche Berechnungen in Forschung und Entwicklung eingesetzt. Die leistungsfähigsten Systeme in diesem Umfeld werden in der TOP500[1] gelistet, die zwei Mal jährlich aktualisiert wird. Im November 2011 wurde hier die 10 PetaFLOPS Marke gebrochen. Das aktuell leistungsfähigste System,

---

[1] http://top500.org/ TOP500 Supercomputing Sites - Zugriff 08.02.2012

namentlich K *computer* in Japan[2] besteht aus insgesamt 88128 2.0GHz 8-core SPARC64 VIIIfx Prozessoren, untergebracht in 864 Racks, sodass sich eine Gesamtsumme von 705024 Prozessorkernen ergibt.

2. HPCaaS

Berechnungskapazitäten in diesen Umfängen, wie sie in der TOP500 zu finden sind, werden allerdings nur von den wenigsten Institutionen und Unternehmen benötigt. Gemäss dem Ansatz, alles als Dienst bereitzustellen bzw. zu konsumieren, scheint es besonders attraktiv, auch über den Einsatz von Berechnungsinfrastruktur aus der Wolke nachzudenken, passen doch eine Reihe von Merkmalen des Bezugsmodells ideal zum Anwendungsfall. Speziell für Unternehmen wie kleinere Ingenieurbüros stellt die Möglichkeit, einen privaten Supercomputer *on demand* nutzen zu können, ein interessantes Szenario dar. So können sie Berechnungen in kürzerer Zeit durchführen und haben statt hohen Investitionskosten in eigene Hardware und deren Infrastruktur wie Räumlichkeiten und Klimatisierung nur Kosten für die tatsächliche Nutzung der Systeme.

Große Unternehmen mit eigener dauerhaft genutzter Infrastruktur können hingegen kurzfristig zusätzlich benötigte Kapazitäten nutzen, die ihnen sonst nicht zur Verfügung stehen würden. Man spricht in diesem Fall vom sogenannten *Cloud Bursting*, bei dem Ressourcenmangel aus der Wolke gestillt wird. Dabei ist zu beachten, dass auch hierbei einzelne Berechnungen entweder lokal oder remote beim CSP durchgeführt werden, da es bei einem Mischen der Ressourcen zu sehr schlechten Leistungswerten kommt.

Das Prinzip des Cloud Bursting nutzte zum Beispiel DreamWorks Animation um den Animationsfilm *Kung Fu Panda 2* zu zwanzig Prozent bei einem externen Cloud-Provider zu rendern[3], was einer Rechenzeit von 11 Millionen Stunden entspricht. Erste Erfahrungen wurden hier bereits mit *Shrek Forever* gesammelt, wobei dort nur rund fünf Prozent extern berechnet wurden. Die Verwaltung der gesamten Berechnungsinfrastruktur erfolgte in Form einer *hybrid cloud*, also der Kombination von Kapazitäten aus einer *private cloud* im eigenen Rechenzentrum und weiterer Ressourcen aus der *public cloud* eines Cloud Service Providers (CSP).

---

[2] http://en.wikipedia.org/w/index.php?title=K_computer&oldid=474024117 K computer - Zugriff 08.02.2012.

[3] http://software.intel.com/sites/billboard/article/cloud-computing-alleviates-processing-spikes Intel: Bringing Animation to Life through Cloud Computing - Zugriff 12.03.2012

Doch auch wenn speziell das *Cloud Bursting* ein heute schon genutztes Konzept darstellt, bei dem viele Nutzer aus dem Experimentierstatus heraus sind und es produktiv einsetzen, so gibt es noch eine Reihe von Faktoren, die je nach Umgebung und Einsatzzweck, den vermeintlich strahlend blauen Himmel stellenweise dunkel bewölkt erscheinen lassen.

3. Hindernisse beim Einsatz von HPCaaS

Ein wesentlicher Aspekt beim Untersuchen der Eignung von HPCaaS für industrielle Zwecke ist die Erkenntnis, dass sich der Betrieb von Berechnungsinfrastruktur, in Form von Compute Clustern, signifikant vom Betrieb einer normalen Enterprise IT Umgebung unterscheidet. So zeichnen sich klassische IT Umgebungen durch einen mehr oder weniger ausgeprägten Wildwuchs an heterogenen, schlecht ausgelasteten Server-Systemen für unterschiedliche Applikationen aus, deren Betrieb nur schwer zu standardisieren ist. Beschaffung von neuen Systemen ist meist mit Wartezeit für Einkauf, Einbau, Installation und Konfiguration verbunden. Die Umstellung eines solchen Setups auf die Prinzipien des Cloud Computing, bringt hier einen großen Nutzen und würde, neben einer erhöhten Flexibilität, die Auslastung der Systeme deutlich verbessern. Möglich macht dies die, mit dem konsequenten Einsatz von Virtualisierung einhergehende Entkopplung der angebotenen Dienste von der zugrunde liegenden Hardware-Plattform. Die Einbeziehung externer Ressourcen von einem CSP steigert die Flexibilität bei der Anpassung der zur Verfügung stehenden Ressourcen und ermöglicht beispielsweise die quasi sofortige Bereitstellung von Testsystemen, die auf pay-per-use-Basis in Rechnung gestellt werden. Hier können Werkzeuge wie das Cloud Mangement-System *OpenNebla* unterstützen [5], da es die Möglichkeit bietet, eine hybride Wolke aus lokalen Ressourcen und solchen bei einem CSP aufzubauen. Im HPC-Umfeld hingegen werden meist große Stückzahlen homogener Systeme betrieben, bei denen sowohl die Hardware- als auch die Softwareausstattung identisch ist. Dies führt zu einem effizienteren Betrieb, da Entwicklungsarbeiten wie Montoring-Agenten für die spezifische Hardware nur einmal anfallen und einheitliche Betriebssystem-, Patch- und Applikationsstände die nötigen Support-Umfänge reduzieren. Auch ist die Auslastung einer HPC-Installation deutlich höher als die für normale Server im Enterprise-IT-Betrieb angenommenen 30 %. Abbildung 2 zeigt die CPU-Auslastung für einen im *Computer Aided Engineering* (*CAE*)-Umfeld genutzten Cluster, auf dem Finite-Elemente Anwendungen gerechnet werden. Diese liegt im Untersuchungszeitraum bei durchschnittlich ungefähr 50 %[4].

---

[4] Hinweis: Die Y-Achse gibt die Anzahl der aktuell laufenden Jobs an und keine direkten CPU-Statistiken.

Dieser Wert ist allerdings mit Vorsicht zu genießen, da er nur die reine Rechenzeit dokumentiert, so dass die eigentliche Auslastung höher liegt. Im
Anschluss an die Berechnung anfallenden Aufgaben wie Kopiervorgänge der
Ergebnisdaten wird hierbei nicht Rechnung getragen. Dies dokumentiert der
pend-Wert, der angibt, wie viele Jobs starten würden, wenn die Ressourcen
frei wären - er wird unter der Woche fast nie kleiner als eins, was zeigt, dass
die Warteschlange der zu rechnenden Jobs praktisch nie leer läuft und somit
die Ressourcen stark ausgelastet sind.

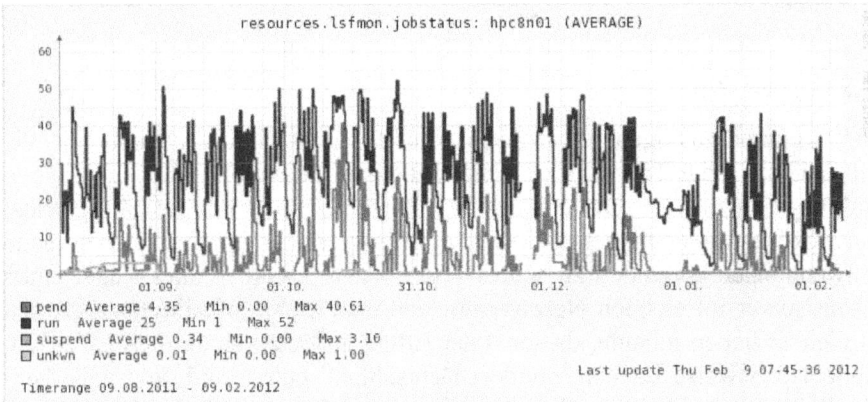

Abbildung 2. Statistik der Auslastung eines produktiven HPC Clusters

Unabhängig von den allgemeinen Unterschieden in den Modellen *klassi-
scher IT-Betrieb im Unternehmensumfeld* vs. *HPC-Umfeld* treten konkret
folgende Aspekte auf, die bei der Überlegung HPCaaS zu betreiben, berücksichtigt werden müssen.

3.1. Aufwände für Konfiguration und Betrieb

Auch wenn die Anbieter dies gerne suggerieren: Clouds sind nicht per Definition einfach einzusetzen und sie machen auch nicht den klassischen Sys-
temadministrator überflüssig. Gerade die Integration bestehender HPC-
Ressourcen mit neuen externen Ressourcen aus einer öffentlichen Wolke
bereitet einiges an Aufwand und erfolgt nicht automatisch. Hierfür muss
auch das Betriebspersonal entsprechend qualifiziert sein, was entsprechende
Weiterbildungen voraussetzt. Neben dem Anbinden der Cloud-Systeme an
lokale Verzeichnisdienste, leidigen Aspekten wie Lizenzmangement, werden
Punkte wie die Integration in Queueing-Systeme zur Jobsteuerung wichtiger
denn je, wenn es darum geht, eine steigende Zahl dynamischer Ressourcen
zu verwalten. Aber auch die Zertifizierung, Paketierung von Anwendungen
und Images für die Compute-Instanzen, die eingesetzt werden sollen, muss

erledigt werden. Ein weiterer Nachteil ist das Fehlen eines globalen Datei-systems respektive Namensraums. D.h. ein Anwender kann nicht einfach Ressourcen, beispielsweise bereits abgeschlossene Berechnungen, in seinem lokalen Home-Verzeichnis mit in einem neuen Job einbinden, sondern muss sicherstellen dass diese Ressourcen auf dem System, das seine Berechnung durchführt, zur Verfügung steht. Hier wäre die Integration eines Automatis-mus wünschenswert, der beim Abschicken eines Jobs überprüft, welche Res-sourcen angezogen werden, um diese dann automatisch zum CSP zu trans-portieren.

3.2. Lizenzen

Ein weiterer unangenehmer Aspekt beim Einsatz von Ressourcen via HPCaaS stellt das Thema der Lizenzierung dar. Industrielle Anwender haben im Vergleich zu Einrichtungen aus dem Forschungsbereich, die häufig selbst entwickelte Anwendungen einsetzen die Einschränkung, an zu lizenzierende Anwendungen gebunden zu sein. Diese Software setzt in aller Regel einen Lizenzserver im eigenen Netz voraus, den man nicht unbedingt von aussen erreichbar haben möchte, da sonst der Effekt auftreten kann, dass Lizenzen, die beispielsweise für den Standort Deutschland gültig sind, von außerhalb Deutschlands genutzt werden, was zu einem Lizenzverstoß führen kann. Auch ist der Betrieb von Lizenzservern auf virtueller Hardware nach wie vor nicht von allen Anbietern geduldet, da ein Lizenzmissbrauch durch das Klo-nen von virtuellen Systemen befürchtet wird. Selbst wenn man sich zum Schritt, den Lizenzser ver nach ausse zu öffnen, durchringen kann, oder eine Lösung über ein Virtual Private Network implementiert, muss weiterhin ge-pflegt werden, welche Systeme zugreifen dürfen. Dies resultiert bei einem sehr dynamischen Betrieb in einem hohen Pflegeaufwand. Es darf in diesem Kontext auch nicht ausser Acht gelassen werden, dass die Lizenzen, die ein Lizenzserver ausliefern kann, erst einmal vorhanden sein müssen, was im Widerspruch zu einem flexiblen Betrieb steht, da somit so viele Lizenzen vorgehalten werden müssen wie maximal Systeme die Applikation starten können.

Es muss also, falls ein eigener Lizenzserver verwendet werden soll, nach einem Lizenzierungsmodell gesucht werden, das nicht Host-abhängig ist, sondern bei dem der Lizenzserver auf User-oder Job-Inputdaten-Basis eine Lizenz gewährt.

Falls man nicht die eigenen Lizenzen aufstocken möchte, kann man auf eine Reihe von CSPs, die sich auf bestimmte Anwendungsgebiete, beispielsweise CAE-Anwendungen oder Oil & Gas, spezialisiert haben und auch entspre-chende Lizenzen anbieten, zurückgreifen. Hier muss aber genau geprüft werden, ob wirklich alle nötigen Features einer Anwendung lizenziert werden.

Und natürlich, ob sich dies unter betriebswirtschaftlichen Aspekten rechnet.

3.3. Instanzarten

Die Ausführungsgeschwindigkeit von HPC-Anwendungen in der Wolke hängt wie auf einem lokalen System auch, von einer Reihe von Faktoren ab: allen voran natürlich die Leistungsfähigkeit der eingesetzten Prozessoren; aber auch Aspekte wie Speicherausbau, Performance der lokalen Speichersysteme, Verfügbarkeit einer Graphics Processing Unit (GPU), falls die Software das Rechnen auf der Grafikkarte unterstützt. Die Anbieter, die Ihre Systeme für HPC bewerben, haben darauf reagiert und bieten unterschiedlich konfigurierte Instanzen an. Welche Komponenten letztendlich ausschlaggebend sind, hängt sehr stark von der konkret eingesetzten Applikation und den zu rechnenden Modellen ab. Dies hat zur Konsequenz, dass hier keine pauschalen Empfehlungen getroffen werden können, sondern Erfahrungswerte in den unterschiedlichen Konfigurationen gesammelt werden müssen. Nur entsprechende Messungen gewährleisten einen bedarfsorientierten Betrieb, bei dem nicht unnötige Kosten für zu groß dimensionierte Systeme anfallen oder Frust über zu langsame Berechnungen entsteht. So bietet allein der Anbieter Amazon aktuell elf unterschiedliche Instanzarten aus den Kategorien Standard, Micro, High-Memory, High-CPU, Cluster Compute und Cluster GPU an[5].

3.4. Nicht-Standardanwendungen

Im Vergleich zu Unternehmenssoftware wie Customer-Relationship-Management (CRM)-Systemen, die sich durch einen so hohen Standardisierungsgrad auszeichnen, dass sie beispielsweise bei *salesforce*[6] als Software as a Service-Lösung bezogen werden können, sieht das Umfeld der HPC-Anwendungen, am Beispiel der CAE-Welt, wesentlich komplexer aus. So gibt es dort nicht nur einen fest vorgegebenen Versionsstand, sondern meist einen Parallelbetrieb mehrerer Versionen, teils auch von Beta-Versionen. Darüber hinaus werden an vielen Anwendungen in signifikantem Umfang unternehmensspezifische Anpassungen durchgeführt. Von Anwendern er-

---

[5] http://aws.amazon.com/de/ec2/instance-types/ Amazon EC2-Instancetypen - Zugriff 09.02.2012

[6] http://www.salesforce.com/de/ salesforce.com: CRM Software & Online CRM - Zugriff 12.03.2012

stellte Sub-Routinen erfordern sowohl lokal, als auch in der Cloud, identische Compiler- und Bibliotheks-Versionen. Dies hat zur Konsequenz, dass eine Anwendung nicht einfach bei einem CSP von der Stange genutzt werden kann, sondern eben auch dort die Anpassungen durchgeführt werden müssen.

3.5. Consumer Interconnects

Neben der Geschwindigkeit der Prozessoren und der Speichersysteme hängt die Leistung der HPC-Systeme drastisch von der Latenz und dem Durchsatz der verwendeten Interconnect-Technologie ab. So gibt es durchaus Anwendungen, die sich mit den Ressourcen eines einzelnen Knotens zufrieden geben, aber der Großteil der Anwendungen setzt auf verteilte Berechnungen über den *Message Passing Interface* (MPI)-Standard [7, S. 227ff.]. In diesem Fall ist die Wahl eines Interconnects mit niedriger Latenz und hohem Durchsatz unumgänglich. Zwar kommt bei 42% der November 2011 Top 500[7] preiswerte Gigabit-Ethernet-Verbindungen zum Einsatz, doch ist eigentlich der Einsatz des zweitplatzierten (37,6%) InfiniBand [1, S.60] das Mittel der Wahl, wenn es darum geht, einen hochperformanten Interconnect nutzen zu können. In der Wolke werden in aller Regel nur Netzwerkverbindungen auf Niveau von Gigabit-Ethernet angeboten, wie sie heutzutage jedes Netbook anbietet. Einige wenige Anwender bieten auch Interconnects auf dem Niveau von 10 Gigabit-Verbindungen, lassen sich dies aber auch entsprechend entlohnen.

Der geringe Durchsatz und die hohe Latenz machen den Aufbau von häufig im HPC Umfeld genutzten parallelen verteilten Dateisystemen wie Lustre[8] schwer, bzw. wenig performant. Des Weiteren verkompliziert die inhärente hohe Dynamik des Cloud-Setups die Konfiguration.

3.6. Virtualisierung

Der Einsatz von Virtualisierungstechniken stellt einen der Eckpfeiler des Cloud Computings dar. Ohne den Einsatz von Hypervisor-basierter Virtualisierung wäre eine so effiziente Nutzung von Ressourcen, wie es heute teilweise der Fall ist, nicht möglich. Trotz allem führt gerade diese Technik zu Einschränkungen bei der Wahl des Interconnects, da sich momentan InfiniBandkarten, vereinfacht gesprochen, nicht zwischen mehreren virtuel-

[7] http://i.top500.org/stats TOP500 Statistics - Zugriff 08.02.2012

[8] http://wiki.lustre.org/index.php/Main_Page lustre - High Performance and Scalability - Zugriff 13.03.2012

len Maschinen *aufteilen* lassen. Es besteht zwar prinzipiell die Möglichkeit, eine 1:1 Zuordnung von PCI-Geräten und virtuellen Maschinen durchzuführen, dies schränkt aber die Flexibilität stark ein und treibt die Kosten in die Höhe. Hier ist in nächster Zeit mit einer Verbesserung zu rechnen, da mit Single-Root I/O Virtualization (SR-IOV)[9] bald ein Werkzeug zur Realisierung einer 1:n Beziehung bereitstehen soll.

Auch darf nicht ausser Acht gelassen werden, dass, wie bereits [8] diskutiert, Anwendungen die im HPC-Bereich eingesetzt werden stark auf die eingesetzte Architektur optimiert sind. So entstehen in der Regel durch den Einsatz von Virtualisierung, neben einem meist pauschal zu erwartenden geringen Leistungsnachteil durch die zusätzliche Virtualisierungsschicht, weitere Leistungseinbußen durch den zwangsweisen Verzicht auf hardwarenahe Optimierungen. So kann beim Einsatz von virtuellen Systemen bei einem CSP nicht gewährleistet werden, dass sämtliche an einer Berechnung beteiligte Systeme, dieexaktidentischeHardwarearchitekturnutzenunddasssämtlicheProzessor-Merkmale zur Verfügung stehen. Diese Problematik muss auch bei der Reproduzierbarkeit und Validierbarkeit von Ergebnissen berücksichtigt werden und macht den Einsatz von HPCaaS oft schwer bis unmöglich. Beispielsweise liefern manche CAE-Solver wie LS-Dyna[10] abhängig von Start auf AMD- oder Intel-CPUs unterschiedliche Ergebnisse, so dass nur Läufe auf identischen Systemen miteinander verglichen werden können.

Nichts desto trotz bietet der Einsatz von virtuellen Maschinen im HPCaaS-Umfeld viel Potential, da sich durch ihren Einsatz komplette, auf den jeweiligen Einsatzzweck vorkonfigurierte Instanzen starten lassen. Diese werden nach Jobende zurückgesetzt und bieten somit pro Berechnungsjob immer eine saubere, definierte Ablaufumgebung. Um die Virtualisierungsproblematik zu umgehen, bieten auch einige wenige Anbieter nicht-virtualisierte HPCaaS-Systeme an, die aber meist für einen mehrmonatigen Zeitraum fest angemietet werden müssen. Dies macht diese Angebote für ein spontanes Cloud Bursting uninteressant.

3.7. Vendor Lock-In

Mit dem Eingehen einer festeren Bindung an einen CSP, wie es aber beim HPCaaS, zumindest momentan, fast unumgänglich ist, sei es bewusst durch

---

[9]   http://www.intel.com/content/dam/doc/application-note/pci-sig-sr-iov-primer-sr-iov-technology-paper.pdf Intel LAN Access Division: PCI-SIG SR-IOV Primer - An Introduction to SR-IOV Technology – Zugriff 12.03.2012

[10]   http://www.ls-dyna.com/ LSTC: LS-DYNA, LS-OPT, LS-PrePost - Zugriff 12.03.2012

entsprechendes Vertragswerk oder unbewusst durch inkompatible Manage-
ment-Software und proprietäre Formate, gibt man gleichzeitig eine der großen Stärken beim Cloud Computing aus der Hand. Die Flexibilität im Prob-
lemfall, wegen zu hohen Preisen, oder einfach um vorab das Ausfallrisiko zu
streuen, einfach den Ressourcenanbieter zu wechseln, stellt eines der wesentlichen Merkmale beim Cloud-Computing dar. Diese langfristige Bindung ist
aus CSP Sicht natürlich begrüssenswert, aber aus Kundensicht nicht ge-
wünscht, wie die Erfahrungen über Ostern 2011 gezeigt haben[11]. Hier führte
eine technische Störung beim größten Anbieter Amazon zu teilweise mehrtä-
gigen Ausfällen bei Kunden. Diese hatten sich auf dessen Verfügbarkeit verlassen und versäumt, frühzeitig in der Planung Alternativen zu berücksichtigen. Gerade im HPC-Bereich, wo Ausfälle kritisch sind, muss eine Ausfall-
möglichkeit frühzeitig in einer Risikoabschätzung unter sucht werden und
müssen entsprechende Gegenmaßnahmen erprobt und dokumentiert werden.
Ohne Vorarbeit und entsprechend geschultes Betriebs-Personal lassen sich
entsprechende Berechnungs-Infrastrukturen bei mehreren Anbietern nicht
zeitnah in Betrieb nehmen. Wobei dies sogar wünschenswert wäre, da im
Idealfall die Dienstanbieterwahl automatisiert und dynamisch bei jedem Berechnungsjob, unter Aspekten wie Kosten, Zuverlässigkeit, Anbindung an
eigene IT, nur für die Dauer des aktuellen Jobs durchgeführt werden müsste.
Abbildung 3 stellt dies dar. Das Queueing-System, dem der Anwender einen
Job übermittelt, wird zum zentralen und universellen Ressourcenvermittler.

3.8. Kosten

Die Behauptung, dass HPCaaS per se günstiger ist als der Betrieb eigener
Systeme, lässt sich nicht ohne Weiteres halten. Bei einem kurzfristiges Cloud
BurstingtrifftdiesindenmeistenFällenzu,aberfüreinGesamtkonzeptdürfen
nicht nur Kosten für CPU-Zeiten und Speicherplatz vs. Hardwarekosten auf-
summiert werden, sondern es müssen Aspekte wie Stellfläche und Klimatisierung der Räumlichkeiten mit in Betracht gezogen werden. Eine interessante Kalkulation stellt Shane Canon in seiner Präsentation Debunking some
Common Misconceptions of Science in the Cloud[12] auf: Um die äquivalente
Rechenleistung und Speicherkapazität des National Energy Research Scien-
tific Computing Center (NERSC) bei einem Cloudanbieter zu erhalten, wür-

---

[11]http://broadcast.oreilly.com/2011/04/the-aws-outage-the-clouds-shining-
moment.html George Reese: The AWS Outage: The Cloud's Shining Moment -
Zugriff 09.02.2012

[12] http://science.energy.gov/~/media/ascr/pdf/misc/sciencecloud.pdf Shane Canon :
Debunking some Common Misconceptions of Science in the Cloud - Zugriff
09.02.2012

de ein jährlicher Betrag von 195 Millionen USD anfallen. In diesem Betrag sind allerdings weder Kosten für die Administration der Anlage, noch zu erwartende Mehrausgaben zur Kompensation der schlechteren Performance bei Berechnungen in der Wolke enthalten. In Anbetracht der dort in diesem Rechenzentrum verfügbaren Hardware[13] ein ziemlich hoher Preis. Ein allgemeingültiger Kostenvergleich lässt sich allerdings nicht aufstellen, da sich HPC-Setups, sowohl in Anzahl der verwendeten Systeme, als auch sonstiger nötiger Infrastruktur drastisch unterscheiden.

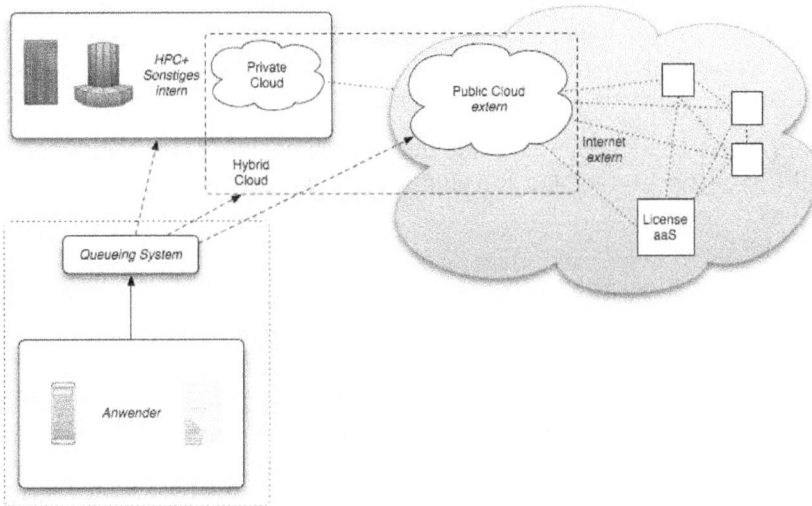

Abbildung 3. Intelligentes Queueing-System mit dynamischer Ressourcenwahl

3.9. Sicherheitsfragen und rechtliche Aspekte

Weiterhin das kritischste Thema bei der Adaption von Diensten aus der Cloud ist das Datenschutz- und Datensicherheitsthema. Im industriellen Umfeld ist die am häufigsten geäusserte Antwort auf die Frage, was von einer Testinstallation abhält, die Antwort „Wikileaks". Die Angst vor Wikileaks an sich dürfte unbegründet sein, aber die Sorge davor, dass eigene Entwicklungsergebnisse eventuell Jahre vor geplanter Vorstellung an die Öffentlichkeit, oder heimlich an die Konkurrenz gelangen, sitzt tief. Hier will sich kein Unternehmen vorhalten lassen müssen, am falschen Ende gespart zu haben. Es fehlt, zumindest in Europa, das Vertrauen in die CSPs und auch die Technik an sich. Das Misstrauen eventuell im gleichen Rechenzentrum wie die

---

[13] http://www.nersc.gov/systems/ NERSC Systems Overview – Zugriff 09.02.2012

Konkurrenz Berechnungen durchzuführen, oder aber der Gedanke, noch zufällig in einem temporären Verzeichnis Berechnungsdaten zu finden, bremst die Adaption. Bislang besteht noch keine Möglichkeit mit verschlüsselten Daten Berechnungen durchzuführen. Die Daten wandern zwar verschlüsselt zwischen Kunden und CSP, dort auf den Systemen angekommen liegen sie allerdings spätestens zur Verarbeitung im Klartext vor.

Die Lösung kann deshalb eigentlich nur so aussehen, dass schon frühzeitig beim Absenden des Jobs entschieden wird, ob die Berechnung vertraulich ist, also das eigene Rechenzentrum nicht verlassen darf, oder ob man mit der Offenlegung des Modells leben kann. Diese Entscheidung sollte nach Möglichkeit automatisiert auf Basis entsprechender Kriterien getroffen werden und nicht dem Anwender überlassen werden.

Weitere konkrete Sicherheitsaspekte und Zuständigkeitsfragen werden in [6, S.149ff.] vorgestellt. Sie sind für sämtliche *aaS-Darreichungsformen gültig und sind vertraglich zu fixieren, bevor Daten das eigene private Rechenzentrum verlassen.

Unabhängig von der, durch wirtschaftliche Interessen motivierten Sorgsamkeit, dass keine Entwicklungsdaten unkontrolliert das Haus verlassen, existieren noch eine Reihe von gesetzlichen Rahmenbedingungen, wie der Begriff der „Auftragsdatenverarbeitung" (§11 Bundesdatenschutzgesetz[14]), der bei der Verarbeitung von Daten durch Dritte greift. Bezüglich der Datensicherheitsfragen ist der Gesetzgeber gefordert, klare und verbindliche Cloud-Bedingungen zu definieren, deren Erfüllung als erste Entscheidungshilfe bei der Auswahl eines CSP dienen können.

3.10. Geschwindigkeit der Datentransfers

Die im Bereich des CAE stark verbreiteten Finite-Elemente-Anwendungen wie Permas[15], Abaqus[16] und Nastran[17] zeichnen sich durch die Eigenschaft aus, dass sie aus wenigen Kilobyte Input-Dateien sehr große Ergebnisdaten

---

[14] http://www.gesetze-im-internet.de/bdsg_1990/ Bundesministerium der Justiz: Bundesdatenschutzgesetz - Zugriff 09.02.2012

[15] http://www.intes.de/kategorie_permas/einfuehrung INTES: The PERMAS Finite Element Software - Zugriff 13.03.2012

[16] http://www.3ds.com/products/simulia/portfolio/abaqus/overview/ Dassault Systems: Abaqus Unified FEA - Zugriff 13.03.2012

[17] http://www.mscsoftware.com/Contents/Products/CAE-Tools/
MSC-Nastran.aspx MSC Software: MSC Nastran - Zugriff 13.03.2012

im Bereich von mehreren hundert Gigabyte erzeugen. Diese Ergebnisdaten werden dann im Normalfall zum Postprocessing auf die Workstation des Ingenieurs zurückkopiert, der den Rechenjob gestartet hat, wo die Daten dann aufbereitet und visualisiert werden. In Anbetracht der zu übertragenden Datenmengen ist die Verbindungsgeschwindigkeit essentiell, so dass selbst bei einer Gigabit-Ethernet-Verbindung eine beträchtliche Wartezeit auf die Daten anfällt. Werden Ressourcen bei einem CSP genutzt, steht meist noch eine viel geringere Bandbreite zwischen Kunde und Dienstanbieter zur Verfügung. Dies resultiert in sehr hohen Wartezeiten für die Datenübertragung und unter Umständen auch hohen Kosten für die Übertragung an sich.

3.11. Remote Visualisierung

Falls die Ergebnisdaten nicht in zufriedenstellender Zeit übertragen werden können, bleibt als Alternative der Einsatz einer Remote-Visualisierungs-Technologie wie *HP Remote Graphics*[18] oder *Nice DCV*[19] mit Unterstützung für OpenGL. Diese Anwendungen haben im Vergleich zum Transfer der Berechnungsdaten deutlich geringere Bandbreitenanforderungen. Die Ergebnisdaten verbleiben in diesem Fall beim CSP, die Auswertung erfolgt auf von ihm angebotener Visualisierungshardware, die über schnellere Interconnects auf die Ausgabedateien zugreifen kann. Die Zeitspanne zwischen Berechnungsende des Jobs und möglicher Start des Postprocessings wird somit deutlich verkürzt.LeiderbietendiewenigstenCSPentsprechendeRemote-Visualisierungs Lösungen an. Auch darf nicht ausser Acht gelassen werden, dass hier zusätzliche Speicherressourcen beim CSP genutzt werden müssen, was zu signifikanten Mehrkosten führen kann und weitere Sicherheitsfragen aufwirft. Zusätzlich dazu werden die Daten auch meist noch beim Kunden lokal zu Backup- und Archivierungszwecken vorgehalten, was zu einer Doppelung der Ressourcen führt.

4. Chancen für HPCaaS

Cloud Computing, die Bereitstellung von nahezu unerschöpflichen Rechenkapazitäten und *High Performance Computing*, die Disziplin, die nie genug Ressourcen haben kann, scheinen nur auf den ersten Blick das perfekte Paar zu sein. Bei näherer Betrachtung zeigt sich, dass sie aus unterschiedlichen Welten kommen und unterschiedliche Rahmenbedingungen haben, was den

---

[18]   http://www.hp.com/united-states/campaigns/workstations/remote-graphics-software.html HP: HP Remote Graphics Software – Zugriff 12.03.2012

[19] http://www.nice-software.com/products/dcv NICE: Desktop Cloud Visualization - Zugriff 12.03.2012

HPCaaS Himmel eher trüb erscheinen lässt. Allerdings gibt es eine Reihe von Szenarien, in denen die beiden gut miteinander harmonieren.

4.1. Cloud Burst

Den momentan größten Nutzen verspricht HPCaaS in Szenarien, in denen für eine absehbare Zeit ein erhöhter Rechenaufwand zu erwarten ist, beispielsweise bei Zusatzprojekten, die keine zusätzliche Investitionen erlauben, da die Hardware nach Abschluss des Projektes unbenutzt bleiben würde. Hier könnte man prinzipiell unternehmensintern auch mit anderen Abteilungen einen Notfallpool aufbauen, aber erfahrungsgemäß fallen solche Engpässe zeitlich zusammen.

Außer zum Abfangen von Lastspitzen kann ein solches temporäres Szenario aber auch durchaus der Bewältigung von Krisensituationen dienen, beispielsweise einer Naturkatastrophe oder dem Ausfall eines Rechenzentrums. In solchen Fällen tritt die rudimentäre Aufrechterhaltung eines normalen Geschäftsbetriebs in den Vordergrund, so dass man durchaus bereit ist, Komfortabstriche, wie längere Wartezeiten beim Zurückkopieren der Jobs, hinzunehmen. Aber auch hier gilt, dass ein solcher Schritt geplant und vorbereitet sein muss und nicht über Nacht realisiert werden kann.

4.2. Passende Jobspezifika

Die Eignung einer Anwendung für HPCaaS hängt ein großes Stück von ihrem spezifischen Ressourcenbedarf ab. Gerade Berechnungen, die einen sehr hohen CPU-Anteil haben, nur wenig IO-Aktivität verursachen, beispielsweise Monte Carlo Simulationen, eignen sich gut für eine Auslagerung in die Wolke. Dies gilt grundsätzlich auch für Anwendungen, die weitestgehend latenzunabhängig sind und Anwendungen bei denen wenig Kommunikation zwischen den an der Rechnung beteiligten Systeme anfällt.

4.3. Belastete Infrastruktur

In Fällen, in denen die Anschaffung eines Cluster mit einer hohen Investition in die firmeninterne Infrastruktur verbunden ist, beispielsweise da der Serverraum keine weitere Stellfläche mehr bietet, oder die Klimaanlage nicht mehr den Anforderungen genügt, sollten die anfallenden Kosten über einen längeren Zeithorizont betrachtet und die Gesamtkosten untersucht werden. So ist es zwar durchaus denkbar, dass die Investition über einen Zeitraum von wenigen Monaten betrachtet nicht gerechtfertigt erscheint, sich nach einigen Jahren aber bezahlt gemacht hat.

4.4. Lehre und Forschung

Nicht nur im industriellen Umfeld, wo für kleine Unternehmen und Projekte, in denen nur kurzzeitig hohe Rechenleistung benötigt wird, hohe Investitionen gescheut werden, kann der Einsatz von HPC-Ressourcen als Dienst eine sinnvolle Alternative zu einem dedizierten Cluster sein. Gerade in universitären Umfeld, wo entsprechende Systeme auch zur studentischen Nutzung für Projektarbeiten bereitgestellt werden, kann HPCaaS von Vorteil sein. Ein solches Szenario wird in [3] beschrieben. Dort wird gezeigt, dass die Hochschule Furtwangen mit der Bereitstellung von virtuellen Clustern, die durch die Studenten bei Bedarf abgerufen werden können, gute Erfahrungen gemacht hat und die Systeme für eine Vielzahl von Aufgaben genutzt werden können.

5. Schlussbetrachtung

In dieser Arbeit wurde gezeigt, dass der Einsatz von HPCaaS durchaus möglich ist, im Gegensatz zum Bezug eines CRM-Systems per SaaS aber vergleichsweise kompliziert und mit diversen Rahmenbedingungen verbunden ist. Dem High Performance Computing kommen im Prinzip sämtliche Merkmale des Cloud Computings, wie die scheinbar unendlichen Ressourcen und die bedarfsabhängigen Kosten gelegen. Doch benötigt HPC, speziell im Unternehmenseinsatz, oft mehr als Cloud Computing anbieten kann.

So lassen sich beispielsweise nicht sämtliche Interconnect-Technologien in einer HPCaaS-Umgebung nutzen. Organisatorische Themen wie Lizenzverwaltung bieten noch einiges an Verbesserungspotential - wer mit lizenzfreier Software rechnen kann ist hier deutlich besser gestellt. Das leidige Thema Sicherheit in der Wolke bietet weiterhin viel Diskussions- und Handlungsbedarf und erfordert klare Regeln. Die Bedeutung von Remote-Visualisierungs-Technologie als unterstützende Technik für HPCaaS und auch im privaten Rechenzentrum darf nicht unterschätzt werden. So haben heutzutage immer mehr Firmen Satelliten-Standorte denen Ressourcen von der Firmenzentrale zur Verfügung gestellt werden sollen. Bei der Bereitstellung von Anwendungen wünscht man sich eine bessere Kooperation von CSPs und Softwareherstellern, um hier entsprechende für den jeweiligen Anwendungszweck vorkonfigurierte Systeme nutzen zu können. Das Bereitstellen der Berechnungssoftware bleibt momentan noch dem Kunden überlassen, der sich seine HPC-Wolke in Eigenregie aufbauen muss und somit auch entsprechende Aufwände zu tragen hat.

Aus Anwendersicht ist eine Integration sämtlicher zur Verfügung stehender Ressourcen in ein zentrales Queuing-System wünschenswert. Dieses sollte beim Abschicken eines Jobs transparent für den Anwender die Entscheidung treffen, ob der Job nun in Baden Württemberg oder Indien läuft. Dieser Schritt würde Carrs Vision, des Bezugs von Computing Ressourcen aus der Steckdose, ein ganzes Stück greifbarer machen, auch wenn es bis dahin noch ein weiter Weg ist.

Wenn man allerdings über die Komplexität, die sich im Unternehmenseinsatz ergibt, hinweg sieht, wird einem bewusst, dass HPCaaS für den Rest der Welt ein sehr mächtiges Werkzeug darstellt. Noch nie war es so einfach, schnell und kostengünstig leistungsfähige Ressourcen für beliebige Berechnungen zu erhalten.

Literatur

[1] H. Bauke and S. Mertens. Cluster Computing : Praktische Einführung in das Hochleistungsrechnen auf Linux-Clustern (X.systems.press). Springer, Sept. 2005.

[2] N. Carr. The Big Switch: Rewiring the World, from Edison to Google. W.W. Norton & Company, 2009.

[3] F. Doelitzscher, M. Held, C. Reich, and A. Sulistio. Viteraas: Virtual cluster as a service. In Cloud Computing Technology and Science (CloudCom), 2011 IEEE Third International Conference on, pages 652 –657, 29 2011-dec. 1 2011.

[4] H. Gantikow and M. Feilner. Strategieplaner - Himmelfahrt planen. Linux Magazin, 2011(7):1–100, Juli 2011.

[5] H. Gantikow and C. Raible. OpenNebula 3 - Sternenwolke. Linux Magazin, 2011(10):1–100, Oktober 2011.

[6] T. Mather, S. Kumaraswamy, and S. Latif. Cloud Security and Privacy: An Enterprise Perspective on Risks and Compliance. O'Reilly Media, Inc., 2009.

[7] J. D. Sloan. High Performance Linux Clusters: With OSCAR, Rocks, openMosix, and MPI (Nutshell Handbooks). O'Reilly Media, Inc., 2004.

[8] T. Sterling and D. Stark. A high-performance computing forecast: Partly cloudy, 2009.

Die Cloud im Fahrzeug: Auswirkungen auf die Sofware-Entwicklung vernetzter Telematik-Systeme

Mike Schober

Daimler AG
Audio/Video Navigationssysteme
Calwer Straße
71059 Sindelfingen
Mike.schober@daimler.com

Elmar Cochlovius

Harman International
Automotive Division
Becker-Göring-Str.6
76307 Karlsbad
elmar.cochlovius@harman.com

Zusammenfassung: Telematik-Systeme im Fahrzeug befinden sich heute in einem Spannungsfeld zwischen vielfältigen Consumer Geräten (CE De-vices), Online-Diensten, lokalen Medien und den hohen Erwartungen des Kunden an Stabilität und Bedienbarkeit. Daher ist es für OEMs und Zulieferer von zentraler Bedeutung, durch geeignete Design-Entscheidungen, System-Architekturen und Software-Entwicklungsprozesse auch für künftige Telematik-Systeme im Fahrzeug stabile System-Umgebungen zu definieren.

1 Aktuelle Herausforderungen und Rahmenbedingungen

In heutigen Premium-und Mittelklassefahrzeugen besitzen Telematik- und Infotainment-Systeme einen hohen Stellenwert. Kundenerlebbare Funktionalitäten wie Radio, Navigation, Multimedia, die Anbindung mobiler Geräte, Internet-Zugriff und Sprachbedienung liefern einen zentralen Beitrag zum Fahrzeuggesamtkonzept. Die Anforderungen an zukünftige Telematik-Systeme im Fahrzeug steigen dabei unaufhaltsaman. Die zunehmende Leistungsfähigkeit der Hardware-Plattformen und die zahlreichen Funktionen aktueller Smartphones und anderer Consumer-Gerätezählen dabei zu den treiben-den Faktoren neben der wachsenden Komplexität der zu unterstützenden Standards und Protokolle, wie z.B. DVD-Video, DVB-T und H.264. Damit muss bei gleicher Entwicklungszeit in jeder Geräte-Generation deutlichmehr Funktionalität implementiert und abgesichert werden.

Die Strategie der Hochintegration von Software und Hardware in aktuellen Telematik-Systemen wie z.B. des Comand-Systems der Fa. Daimler stellt dabei hohe Ansprüche an die System-Architektur und den Software-Entstehungsprozess. In der Vergangenheit genügte für einen Systemlieferanten Integrations- und Entwicklungsexpertise auf den klassischen Telematik-Feldern wie Radio, CD oder Navigation. Aktuell hat sich das notwendige Know-How vervielfacht. Themen wie Digital-Radio, Audio-/Video-Streaming oder die zunehmend relevanter werden den Cloud-Dienste kommen hinzu.

In diesem Beitrag sollen ausgewählte Aspekte dieser Entwicklungen aufgezeigt und ihre tiefgreifenden Auswirkungen auf das System-Design moderner Telematik-Systeme sowohl aus OEM[1]-als auch aus Zulieferer-Sicht betrachtet werden. Eine zentrale Rolle nimmt hierbei das Thema Cloud ein, da sich viele die genannten Aspekte mittelbar oder unmittelbar darauf zurückführen lassen.

1.1 Auswirkungen der Cloud auf Telematik-Systeme

Während der 60-monatigen Entwicklungszeit einer Fahrzeuggeneration hat Apple bereits fünf neue Modelle seines iPhone in den Consumer-Markt gebracht. Während das traditionelle Paradigma, alle benötigten Daten für Multimedia und Navigation lokal im Fahrzeug auf 50-100GB großen Festplatten vorrätig zu halten, sich in der Vergangenheit gut bewährt hat, speichern zunehmend auch End-Anwender ihre Daten in der Cloud. Noch vor 2-3 Jahren standen einem Premium-Infotainment System etwa 1000Mips[2] an CPU-Leistung zur Verfügung, die über alle aktiven Anwendungen prioritätsgesteuert verteilt werden, während die nächste Generation ARM-Quadcore-basierter Smartphones mehr als 25.000 Mips bereitstellt.

Allein diese Beispiele zeigen, welchen Herausforderungen sich die Automobilhersteller und Systemlieferanten von Telematik-Systemen zukünftig stellen müssen. Im Einzelnen sind dies:

Integration von Consumer-Geräten: Wie lassen sich Consumer-Geräte wie Smartphones und Tablets sinnvoll und automotivetauglich integrieren? Ist es sinnvoll Standard Funktionalitäten zu duplizieren? Oder ist es für eine sinnvolle Ergänzungen nicht besser, eine nahtlose Systemintegration und Nutzung zwischen Consumer-Geräten und Telematik-Systemen zu gewährleisten?

Applikations- und Software-Partitionierung: Auch aktuelle Hardware-Plattformen von Premium-Systemen gelangen durch parallel ausgeführte Applikationen wie 3D-Kartendarstellung, Dekodierung von HD-Video-Inhalten und Sprachbedienung schnell an die Grenzen ihrer Leistungsfähigkeit. Diese Limitierungen lassen sich durch Auslagerung bestimmter (Teil-)

---

[1] *Original Equipment Manufacture*, d.h. hier: Automobilhersteller

[2] *Mega instructions per second*

Applikationen an externe Geräte erweitern oder sogar umgehen. Hierbei werden Cloud-, Server-oder Portal-basierte Konfigurationen in Betracht gezogen. Auch können die Ressourcen der im Fahrzeug verfügbaren Smartphones oder Tablets genutzt werden.

Daten-Partitionierung: Hier steht die Frage im Vordergrund, welche Daten lokal vorzuhalten sind und welche sich auf Anforderung nachladen lassen. Im Kontext einer Medien-Applikation muss es dabei oberstes Ziel sein, dem Kunden einen unterbrechungsfreien Medienkonsum zu ermöglichen. Ist dagegen eine Server-basierte Offboard-Navigation im Fokus, so geht es darum, zunächst hoch-priorisierte Routendaten zur Wegführung und dann Kartendaten zur Visualisierung zu laden.

Divergierende Lebenszyklen von Consumer-Geräten und Telematik-Systemen: Während die Lebenserwartung von Smartphones oftmals nicht höher als zwei Jahre ist, so gelten Automobile einschließlich der verbauten Telematik-Systeme mit 12 bis 15 Jahren eher als langlebige Güter. Die Herausforderung dieser stark unterschiedlichen Lebenszyklen liegt in den sich stetig verändernden Protokollen, Medien-Formaten und Standards, die der Consumer-Markt vorschreibt. Dies lässt sich, sofern softwarebasiert, durch Software-Updates adressieren. Während Hardware-Themen von den OEMs gut beherrscht werden, ist der Software-Update eines im Fahrzeug verbauten Steuergerätes eine signifikante Herausforderung an die Sicherheit des Übertragungsweges, die Qualifikation der (Teil-)Software, die Konsistenz und Validität eines oder mehrerer (partieller) Software-Updates innerhalb des betroffenen Steuergerätes und im Systemverbund, die Migration der im Steuergerät vorhandenen (Kunden-) Daten sowie die gesamten Logistik und Lieferkette. Gehen Änderungen über ein reines Software-Update hinaus, so ist die Hardware des Telematik-Systems direkt betroffen. Dies ist bei deutlichen Funktionszuwächsender Fall, die eine Leistungserhöhung der vorhandenen Hardware-Plattform erfordern. Ein Beispiel hierfür ist der Übergang von einer 2D-Kartendarstellung zu einer 3D-Ansicht mit Geländeprofil und photorealistischen Darstellungen wichtiger Gebäude (sog. *„landmarks")*oder der Übergang von einem Audiosystem zu einem vollwertigen Multi-media-Player mit Video- oder sogar HD-Video-Unterstützung. In beiden Fällen, sowohl bei der 3D-Grafik als auch bei der Video-Dekodierung, ist eine deutlich leistungsfähigere Hardware zwingend notwendig. Diese kann aus Kostengründen nicht von vornherein vorgehalten werden, sondern lässt sich durch sog. Extender-Boards in das System integrieren.

2 Lösungsansätze aus OEM-Sicht

Nachdem einige Aspekte einer Cloud-basierten Systemumgebung zukünftiger Gerätegenerationen benannt sind, geht es im folgenden um ausgewählte
Lösungsansätze,die in aktuellen System-Entwürfen erprobt oder bereits umgesetzt werden.

2.1 Automotive-spezifische Adaption von Use-Cases

Bei der Integration von Consumer-Geräten wie z.B. Smartphones oder Tablet-PCs in das Telematik-System sind automotivespezifische Rahmenbedingungen zu berücksichtigen, die abweichend von denen einer Desktop-
Integration sind. Neben gesetzlichen Bestimmungen und freiwilligen Selbst-
verpflichtungen der OEMs, z.B. bei Kontrast und Schriftgröße der HMIs,
sind die wesentlichen Unterschiede hochwertige Bedien-und Anzeigeele-
mente, die sich nahtlos in das Fahrzeug-Konzept einfügen, multi-kanalfähige
Audio-Ausgaben, zum Teil in mehreren Zonen, hochwertige Displays, zum
Teil   mit   Dual-View-Technologie,   sowie   Multi-Seat/Multi-User-
Konfigurationen. Um diese Eigenschaften sinnvoll zu nutzen, sind Anpassungen an bestehenden Consumer-Applikationen (*Apps*) oder sogar neue
Applikationen erforderlich.

Abbildung 1: Use-Cases der

Master/Slave-Player-Architektur

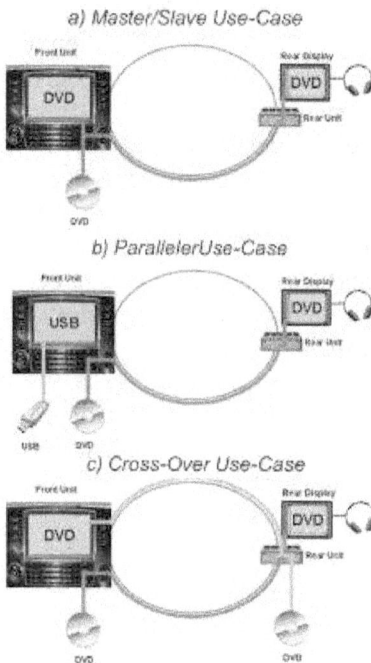

Ein Beispiel hierfür ist die lip-
pensynchrone Wiedergabe von
Videoinhalten an verschiedenen
Sitzplätzen mit mehreren Video-
Decodern. Dabei werden u.a.
auch Tablet-PCs in den System-
verbund integriert und z.B. eine
DVD auf allen Videosenken im
Fahrzeuggleichzeitig abgespielt.
Eine zentrale Dekodierung und
Verteilung des Videosignals ist
aufgrund der beschränkten Bus-
Systeme u.a. auch zu den Tablets
und aufgrund der entstehenden
Kosten nicht möglich.
Stattdessen eignet sich die sog.
Master/Slave-Architektur. Diese
erweitert   einen   Standard-
Multimedia-Player um Funktio-
nen zur Synchronisierung mehre-

rer Video-Senken (*Slaves*). Da die Slave-Implementierung eine echte Untermenge des Masters darstellt, lassen sich mit diesem symmetrischen Ansatz mehrere komplexe Use-Cases auf einfache Weise umsetzen.

Im reinen Master/Slave Use-Case greifen, wie in Abb. 1 dargestellt, Front Unit und Rear Unit beide auf eine DVD im Laufwerk der Front Unit zu und spielen diese synchron ab. Im parallelen Use-Case kann darüber hinaus der Video-Decoder der Front Unit zur Darstellung einer alternativen Video-Quelle (z.B. USB) genutzt werden. Im Cross-Over Use-Case schließlich greifen Front-und Rear-Unit auf die Video-Quellen der jeweils anderen Unit zu und spielen diese lokal ab.

Da das zugrundeliegende Synchronisations- und Steuerungsprotokoll unabhängig von der physikalischen Netzwerkverbindung ist, lassen sich auch Consumer-Geräte via WLAN im Sinne eines Multi-Slave Ansatzes einbinden.

Abbildung 2: Master/Slave-Player für Consumer-Geräte

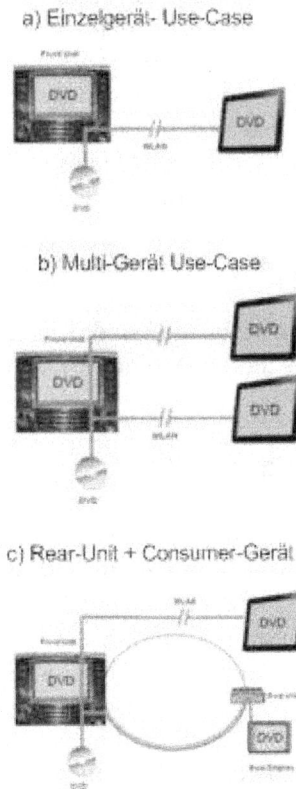

a) Einzelgerät- Use-Case

b) Multi-Gerät Use-Case

c) Rear-Unit + Consumer-Gerät

Damit lassen sich gem. Abb. 2 die folgen-den Anwendungsszenarien realisieren:Im Einzelgerät-Use-Case wird ein einzelnes Consumer-Gerät als Slave-Player in das Te-lematik-System integriert, so dassVideo-Quellen der FrontUnit frame-synchron auf dem Consumer-Gerät wiedergegeben wer-den. Dies bedeutet, dassz.B. auf einem Tab-letohne integriertes optisches Laufwerk jede DVD abgespielt und sogar gesteuert werden kann.

Aufgrund der symmetrischen Master/Slave-Architektur ist zudem auch eine inverse Rollenverteilung denkbar, d.h. das Consumer-Gerät stellt als Master-Player Video-Quellen für das Telematik-System als Slave-Player zur Verfügung.

Dieser Fall ist ein Beispiel für die sinnvolle Integration von Consumer-Geräten in Telematik-Systemumgebungen, da hier keine bestehende Funktionalität dupliziert wird, sondern dem Anwender neue und innovative Use-Cases bereitgestellt werden und damit der bestehende Funktionsumfang des Telematik-Systems im Sinne eines Entry-Level Rear-Seat Entertainment-Systems nahtlos erweitert wird.

Der zweite Fall stellt eine Erweiterung des ersten dar, indem zusätzliche Consumer-Geräte integriert werden. Da jedes Gerät seinen eigenen Video-Decoder bereitstellt, entsteht keine zusätzliche Last im Master-Player. Stattdessen ist diese Konfiguration i.w. nur durch die zur Verfügung stehende Bandbreite des Netzwerks limitiert.

Im dritten Anwendungsfallgeht es schließlich um die Kombination eines fest verbauten Rear-Seat Entertainment-Systems des OEMs mit einem Consumer-Gerät. Dies ist möglich aufgrund der Netzwerk-Transparenz der Master/Slave-Architektur.

2.2 Lokale Software-Partitionierung

Bei der lokalen Partitionierung von Software kollaborieren Consumer-Gerät und Telematik-System, um einen gemeinsamen Use-Case zu implementieren. Die kritischen und fahrzeugnahen Anteile der Applikation werden im Telematik-System ausgeführt, die anwendernahen Anteile und die Applikationslogik sind im Consumer-Gerät angeordnet. Die iPhone-App „Mini-Connected" stellt ein Beispiel für dieses Szenario dar. Die Applikation erkennt z.B. den Fahrstil des Fahrers und sucht eine dazu passende Musik-Richtung (*Genre*) in der Onboard-oder Offboard-Mediathek, die dann über das Audio-System gespielt wird. Die Sensorik-Daten des Fahrzeugs werden dabei von dem mit dem CAN-Bus verbundenen Telematik-System unter Wahrung der Sicherheitsanforderungen ausgelesen und an das Consumer-Gerät übermittelt. Eine weitere Anwendung wertet diese in Echtzeit aus und gibt dem Fahrer Hinweise zu einem energieeffizienten Fahrstil.

Voraussetzung für eine lokale Software-Partitionierung ist der Zugriff der Applikationslogik, die im Consumer-Gerät ausgeführt wird, auf die Displays und Bedienelemente, die mit dem Telematik-System verbunden sind. Hierfür wurden spezielle Protokollewie z.B. Applications For Automotive (A4A) von Apple oder der Nokia-Terminalmode entwickelt.

2.3 Cloud-basierte Software-Partitionierung

Einen Schritt weiter geht die Cloud-basierte Software-Partitionierung. Hier ist das Telematik-System – ggf. über ein Smartphone – mit einem Cloud-Dienst verbunden, welcher applikationsspezifische Funktionalitäten zur Verfügung stellt, die sich nicht oder nicht sinnvoll lokal im Telematik-System implementieren lassen. Ein Beispiel hierfür sind Spracherkennungsdienste. Spracherkennung übereinem begrenzten, vordefinierten Wörterbuch (*Dictionary*) wie z.B. eine Navigationszieleingabe lässt sich auch mit begrenzten Ressourcen auf einem Telematik-System implementieren. Geht es allerdings um die sprecherunabhängige Erkennung von freiem Text, sind deutlich höhere Anforderungen an die Rechenkapazität zu stellen. In diesem Fall wird der gesprochene Text in Echtzeit als Audio-Datei encodiert und diese an einen leistungsfähigen Spracherkenner des Cloud-Dienstes geschickt. Nach erfolgter Spracherkennung wird der resultierende Text zum Download bereit gestellt und dann am Display des Telematik-Systems angezeigt. Ein Anwendungsbeispiel hierfür ist das mobile Diktieren freier Texte in einer email-Applikation. Durch geschickte Wahl des Audio-Formats und der Einteilung in kleinere Sprach-Fragmente erfolgt die visuelle Rückmeldung am Display Wort für Wort bereits beim Sprechen nahezu in Echtzeit.

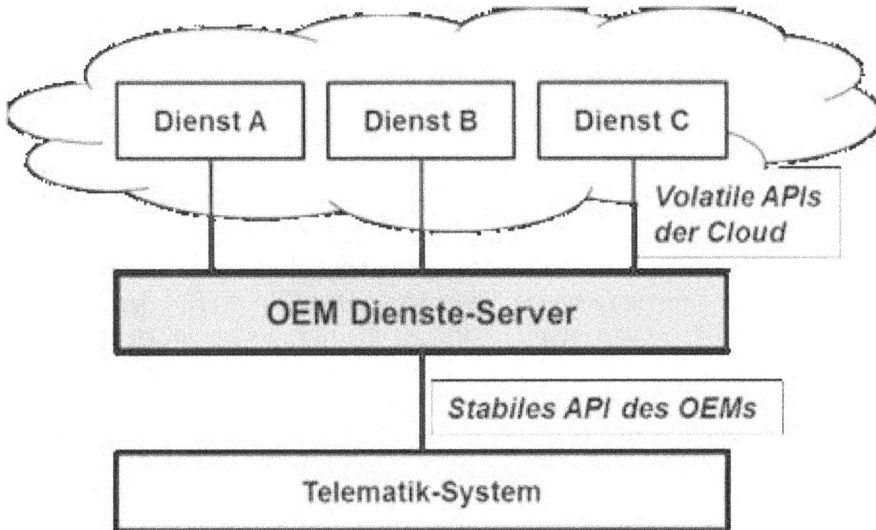

Abbildung 3: OEM–Dienste-Server als Abstraktionsschicht

Wichtig hierbeiist, dass ein Server für OEM-Dienste als Vermittlungs-und Abstraktionsschichtzwischen Telematik-System und den Cloud-Diensten eingesetzt wird. Dies entkoppelt das Telematik-System mit einer Lebenserwartung von mindestens zwölfBetriebsjahren, welches hochgradig stabile APIs voraussetzt,von den sich ständigverändernden Schnittstellen(*APIs*) der einzelnen Cloud-Dienste.Sinnvollerweise definiert,wie in Abb. 3 darge-stellt, der OEM diese APIs einheitlich füralle seine Produktlinien und stellt auch den Dienste-Server langfristig zur Verfügung.[3]

---

[3] Inzwischen gibt es auch OEM-unabhängige Dienstleister, die den Bedarf an API-Abstraktionen sowieeiner stabilen und langfristigen Kopplung zwischen Cloud und Kunden-Geräten aufgreifen. Ein Beispiel hierfür ist Aha-Radio [2].

3 Auswirkungen auf die Software-Entwicklung

Die genannten Lösungsansätze zur sinnvollen Integration von Consumer-Geräten und Cloud-basierten Diensten haben gravierende Auswirkungen auf den Prozess der Software-Entwicklung, sowohlbeim OEM als auch bei den beteiligten Software-und Systemlieferanten. Diese werden im folgenden Abschnitt kurz skizziert und einige Lösungshinweise gegeben.

3.1 Plattform-Software zur Verkürzung von Entwicklungs-zyklen

Nicht zuletzt bedingt durch den rasant gewachsenen Markt mobiler Endgeräte entstanden in den letzten Jahren Hardware-Plattformen (z.B. ARM oder Intel-ATOM), welche bei hoher Rechenleistung viele externe Komponenten auf einem Chip vereinigen (*System-on-a-Chip, SoC*). Daher können zukünftige Telematik-Systeme zunehmend auf etablierte und vielfältige Hardware-Komponenten setzen. Im Gegensatz dazu stellt die Software-Entwicklung dieser Systeme eine immer größer werdende Herausforderung dar. Hier gilt es, ähnlich zur Hardware stabile Software-Plattformen zu entwickeln, welche aus Sicht des OEMs Baureihen-und Zuliefererübergreifend eingesetzt werden können. Ein Beispiel ist die Multimedia Engine (MME[1]), welche eine funktionale Grundlage (*Middleware*) für die Medien-Applikation neuer Telematik-Systeme bildet. Weitere Beispiele sind die Plattformen von iOS, Android und Windows-Phone. Diese werden mit einem breiten Angebot an Software-Modulen ausgeliefert, so dass Applikationsentwicklungen in deutlich kürzerer Zeit und in höherer Qualität erfolgen können. Daneben erzwingt es die hohe Anzahl an Funktionen in hochintegrierten Telematik-Systemen, neue Methoden und Prozesse der Software-Entwicklung anzuwenden. Vorlage kann hier die agile Entwicklung nach SCRUM[3,4] und KANBAN sein, welche eine engere und zielorientierte Zusammenarbeit zwischen den OEMs und den Zulieferern darstellt.

3.2 Entkopplung von kritischen und unkritischen Soft-ware-Anteilen

Die Software-Architektur aktueller Telematik-System basiert auf einem Drei-Schichten-Modell. Sie kann, wie in Abb. 4 dargestellt, in die drei Bestandteile HMI, Middleware und Betriebssystem (OS) unterteilt werden.

Das Betriebssystem dient mit Hilfe der Treiber der Anbindung der Hardware und wird heute durch Windows CE, Linux oder QNX realisiert. Android als Plattform für Smartphones und Tablet-PCs wird aufgrund ungeklärter Patentfragen und noch nicht abgesicherter Automotive-Tauglichkeit nur von wenigen Zulieferern eingesetzt.

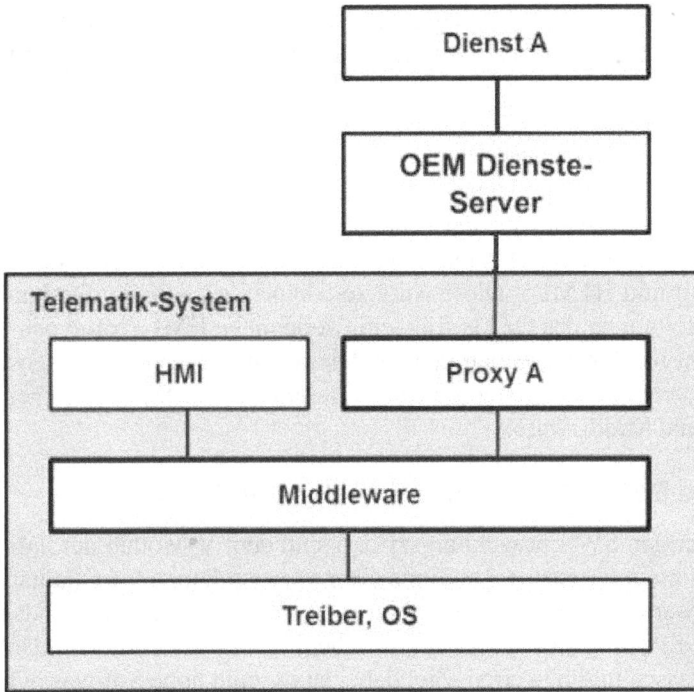

Abbildung 4: Architektur zur Einbindung von Diensten

Die Middleware realisiert wesentliche Funktionen der Applikationslogik. Sie ist weder projektspezifisch noch Hardware-nah. Software-Module auf dieser Ebene lassen sich mit kalkulierbarem Aufwand generationenübergreifend einsetzen. Dies wird von einigen Systemzulieferern bereits erfolgreich praktiziert. Ein Beispiel hierfür ist die Multimedia-Engine MME [1]als Middleware-Plattform für Multimedia-Funktionalitäten. Cloud-Dienste wie z.B. DropBox benötigen für ihre Kommunikation mit einem Client definierte APIs und, wie in Abb.4 dargestellt, eine geeignete Proxy-Implementierung, die als lokale Gegenstelle operiert.

Es ist im Interesse des OEMs, dass die benötigten Software-Module wie Dienste-Proxies zur Kommunikation oder bestimmte Middleware-Komponenten nicht von jedem Zulieferer neu entwickelt werden, da dies aufgrund der Komplexität unnötige Kosten und erhebliche Risiken verursacht. Stattdessen erscheint es sinnvoll, diese kritischen Software-Module hoher Komplexität zentral zu entwickeln und sie allen Zulieferern zur Integration zur Verfügung zu stellen. Dieser Ansatz geht über die traditionelle Software-Entwicklung, die sehr eng mit einer spezifischen Hardware-Plattform verbunden ist, deutlich hinaus und stellt erhebliche Anforderungen an die SW-Kompetenz und-Prozesse sowohl beim OEM als auch bei den beteiligten Zulieferern. Durch die zentrale Entwicklung übergreifender SW-

Module kann sich der Systemzulieferer wieder auf seine Kernkompentenzen fokussieren. Dies eröffnet den Weg hinzu kürzeren Entwicklungszeiten und höherer Software-Qualität.

Das HMI-Modul (*Human-Machine-Interface*) implementiert Bedienanzeige und -logik. Es dient der Umsetzung sehr spezifischer Projektanforderungen wie z.B. Touchscreens und der Einbindung automotive-typischer Bedien-Elemente (*Controller*). Aktuell eingesetzte HMI-Technologien sind u.a. Adobe Air und HTML5. Diese Ansätze erlauben es, dass die Design-und HMI-Abteilungen des OEMs frühzeitig seriennahe HMI-Prototypen an den Systementwickler übergeben können. Dies erfordert neben der Auswahl einer geeigneten HMI-Technologie auch definierte Interfaces zwischen HMI-Schicht und Middleware.

3.3 Agile Software-Prozesse für Telematik-Systeme

Die bisherigen SW-Entwicklungszyklen sind dem V-Modell der Fahrzeug-entwicklung unterworfen. Im Sinne einer vorausschauenden Qualitätsabsi-cherung werden dazu beim Zulieferer Assessments nach dem Standard Automotive-SPICE [5] durchgeführt, welche die Prozesse und deren Dokumentation erfassen und bewerten. Ziel dabei ist es, eine hohe Software-Qualität über den kompletten Entwicklungsprozess zu gewährleisten. Dabei wird durch SPICE in keiner Weise das V-Modell vorgeschrieben. Es werden lediglich Prozessbausteine wie Software-Design, Software-Erstellung, Software-Test, etc. eingefordert. Es ist daher durchaus möglich, auch andere Software-Prozesse jenseits des traditionellen V-Modells einzusetzen.

Eines dieser neuen Modelle, welches sich in den letzten Jahren vor allem bei großen SW-Unternehmungen wie Microsoft oder IBM etabliert hat, ist SCRUM. Dieses Vorgehen verfolgt als Vertreter der agilen SW-Ent-wicklungsprozesse [6,7] einen inkrementellen Ansatz mit zielgerichteter Dokumentation und zeitnahem Reporting. Mit Hilfe von SCRUM ist es möglich, komplexe Projekte wie ein Telematik-System sehr flexibel zu ent-wickeln. Einzelne Teilaspekte und -Funktionen können dabei jederzeit aus-getauscht werden. Damit kann auch bei einer mehrjährigen Entwicklung fle-xibel auf Veränderungen des Umfeldes reagiert werden.

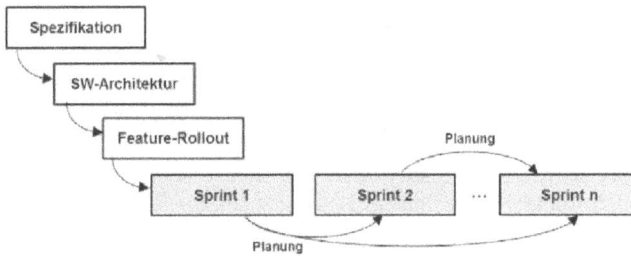

Abbildung 5: Software-Entwicklung gemäß SCRUM

Die Grundlage bilden dabei, wie in Abb.5 dargestellt, überschaubare Software-Entwicklungszyklen, die sog. *Sprints*, an deren Ende immer ein – potentiell – auslieferungsfähiger Software-Stand steht. In der Praxis hat sich eine Zyklusdauer (Sprint-Länge) von ca. zwei Wochen als vorteilhaft herausgestellt.

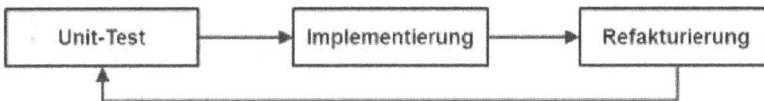

Abbildung 6: Test-getriebene Entwicklung

Innerhalb eines Zyklus hat sich die Test-getriebene Entwicklung (*Test-Driven Development, TDD*) als Vorgehensmodell etabliert[8]. Abb. 6 zeigt, dass vor der eigentlichen Implementierung ein Unit-Test erstellt wird, der die folgende Implementierung vollständig testen kann. Dieser Test muss von dem gleichen Entwickler geschrieben werden, welcher auch die anschließende Implementierung vornimmt. Hier wird mit dem heutigen Ansatz gebrochen, dass Entwickler und Tester explizit verschiedene Personen sind.
Die Vorteile liegen auf der Hand: Die Tests können in deutlich kürzerer Zeit und zyklisch durchgeführt werden. Das kontinuierliche Testen ermöglicht dem Entwickler ein deutlich schnelleres Feedback zur Qualität seiner Arbeitsergebnisse. Der Projektfortschritt wird jederzeit über Burndown-Charts sichtbar. Diese geben eine taggenaue Statusmeldung. Zusätzlich wird deutlich, ob das Projekt im Zeitplan ist und die definierten Ziele rechtzeitig erreichbar sind. Dadurch wird ein exaktes Eingreifen und Gegensteuern im Projekt möglich.

4 Zusammenfassung und Ausblick

In diesem Beitrag wurden einige Auswirkungen der Cloud auf das System-Design und den Software-Entwicklungsprozess von Telematik-Systemen aus Sicht von Automobil-OEM und Zulieferer dargestellt. Den Herausforderungen wie die Integration von Consumer-Geräten und Coud-Diensten, die Verkürzung der Entwicklungszeiten und die divergierenden Lebenszyklen von Consumer-Geräten und Telematik-Systemen lässt sich mit innovativen und auf die automotive-spezifischen Anwendungsfälle angepassten Funktionalitäten begegnen sowie mit adaptierten Software-Entwicklungsprozessen, die agile Methoden aufgreifen und damit traditionelle Ansätze gezielt weiterentwickeln. Daneben spielen die zentrale Entwicklung von Zulieferer-übergreifenden Software-Modulen wie Middleware-und Dienste-Komponenteneine wesentliche Rolle. Diese bilden die Basis für die in der Cloud allokierten Dienste, indem sie eine einheitliche und stabile Kommunikation zwischen dem Dienste-Server und dem Telematik-System gewährleisten. Zudem sind agile SW-Prozesse und Testmethoden notwendig, um den wachsenden Funktionsumfang zukünftiger Telematik-Systeme auch unter sich verschärfenden Randbedingungen realisieren zu können.

Ein weiterhin offenes Thema ist allerdings nach wie vor die nahtlose Integration von Online-Inhalten in die native Bedienoberfläche der Telematik-Systeme, so dass dem Kunden zum einen eine sichere Bedienung während der Fahrt ermöglicht wird, zum anderen aber auch eine hochwertige Anmutung im Sinne des gesamten Fahrzeug-Systemkonzepts gewährleistet werden kann.

Literaturangaben

[1]E. Cochlovius: Frame-Synchronous, Distributed Video-Decoding for In-Vehicle Info-tainment Systems. Int. Conf. on Consumer Electronics ICCE-Berlin 2011
[2]http://www.aharadio.com, 2012
[3]M. Cohn: Succeeding with Agile. Software Development using SCRUM. Addison-Wesley, ISBN 978-0321579362, 2009
[4]http://www.scrumalliance.org
[5]http://www.automotivespice.com/
[6]http://www.agilealliance.org/
[7]R. C. Martin: Agile Software Development. Principles, Patterns, and Practices. Prentice Hall, ISBN 978-0135974445, 2002
[8]http://en.wikipedia.org/wiki/Test-driven_development

Teil II: Tutorials

DSL Sprachentwicklung für embedded und realtime Anwendungen mit Language-Workbenches (MPS)

Bernhard Merkle

bernhard.merkle@gmail.com

1 Form:

Vortrag/Demo mit praktischer Vorführung an der MPS Language Workbench sowie optional kleine Demo an der Lego-NXT Roboter Plattform mit OSEK-RT.

2 Motivation:

Die ingenieurmäßige Entwicklung von Embedded Anwendungen ist oft noch ein Wunsch. Immer noch existiert ein Kluft zwischen direkter Programmierung (in C Code) und der Modellierung von embedded Anwendungen (z.B. per UML und anschl. Codegenerierung). Ein Hauptproblem dabei ist dass die Konzepte der Programmiersprache oft zu low level, die der Modellierungsprache aber zu allgemein und nicht an die Domäne angepasst sind. Zudem spürt man ständigen den Bruch zwischen Programmierung und Modellierung.

In diesem Vortrag lernen wir eine neue Art der Entwicklung: den Einsatz von Language Workbenches. Language Workbenches versprechen die Kluft zwischen Programmierung und Modellierung nachhaltig zu beheben. Wir zeigen in diesem Vortrag den praktischen Einsatz der MPS Language Workbench von Jetbrains (opensource) anhand eines realen Beispiels. Zunächst lernen die Teilnehmer am Werkzeug die Erweiterung einer bestehenden Sprache. Gleichzeitig werden die Vorteile einer inkrementellen Spracheentwicklung (bis hin zur DSL) gezeigt. Je nach Größe der Teilnehmergruppe kann auch ein praktisches Beispiel einer Robotersteuerung mit MPS und Lego-NXT als Ausführungsplattform ausprobiert werden.

3   Ziele und Inhalte

- Momentane Probleme bei der Kombination von Modellierung und
    Programmierung
- Vor-/Nachteile von internen/externen DSLs

- Kurze Übersicht von Language Workbenches
- Grundlegende Arbeit in einer Language Workbench (hier MPS)

- Übersicht zur embedded Entwicklung mit mbeddr, d.h. C, OSEK,
    Lego NXT
- Übersicht der Sprachmodule
    (allgem. Module für embedded, spezielle Module für Roboter)
- Einfache Erweiterung der DSL für Robotersteuerung
- Ausprobieren dieser Erweiterung auf dem Lego-NXT

Workshop:
How To Hack, Tools and methodology explained.

Martin Knobloch

OWASP Netherlands Chapter Leader,

OWASP Global Education Committee Chair

www.owasp.org

martin.knobloch@owasp.org

Abstract: Hacking has gained an abstract and complex name. Is it that hard and difficult to hack into a website or even owning a server? This workshop shows the tools and reasoning of hacking.

You can only defend if your property if you know the worth and how it might get compromised. Using the OWASP WTE (Web Testing Environment) and the BackTrack CD, during this workshop you will learn how to protect your assets by learning how attackers think and work!

1   Tools

Among others, the following tools will be discussed:

OWASP WTE:

- OWASP WebGoat, a learning environment
- OWASP WebScarab, a HTTP Proxy

BackTrack 5:

- Armitage
- Metaploid
- WireShark

Praktische Einführung in die exemplarische Geschäftsprozessmodellierung (eGPM)

Holger Breitling, Stefan Hofer

C1 WPS GmbH
Vogt-Kölln-Str. 30
22527 Hamburg
holger.breitling@c1-wps.de, stefan.hofer@c1-wps.de

Abstract: Die exemplarische Geschäftsprozessmodellierung ist eine Szenario-basierte Modellierungsmethode, die Geschäftsprozesse und ihre IT-Unterstützung als kooperative Arbeitsabläufe darstellt. In einem 90-minütigen Tutorium stellen wir die Grundlagen und Einsatzmöglichkeiten dieses praxis-erprobten Ansatzes vor. Ein interaktiver Modellierungsworkshop zeigt, wie der Ansatz mit Hilfe eines frei verfügbaren Modellierungswerkzeugs ange-wendet wird.

1 Die exemplarische Geschäftsprozessmodellierung (eGPM)

Die eGPM ist ein Szenario-basierter, visueller Ansatz, um Geschäftsprozesse und ihre IT-Unterstützung darzustellen. Sie ist gleichermaßen verständlich für Mitarbeiter der Fachbereiche, IT-Fachleute und Mitarbeiter von Organi-sationsabteilungen. Als Ergebnis der Modellierung strebt der Ansatz nicht nur aussagekräftige Modelle an, sondern auch ein gemeinsames Verständnis der modellierten Prozesse. Einige wesentliche Merkmale der Methode sind:

- Kooperative Arbeitsabläufe (z.B. Verwaltungsprozesse) stehen im Mittelpunkt der eGPM .

- Eingängige Piktogramme erleichtern ein intuitives Verständnis der Modelle.

- Die Frage „Wer-macht-Was-mit-Wem" strukturiert die Abläufe in einfacher Weise.

„Exemplarisch" ist die Methode, da sie konkrete, beispielhafte Prozessver-läufe betrachtet. Damit unterscheidet sie sich stark von „algorithmisch" ge-prägten Modellierungsansätzen wie BPMN.

Im Zentrum der eGPM steht das Kooperationsbild. Es beschreibt den Ge-schäftsprozess als eine Abfolge von menschlichen oder automatisierten

Handlungen. Die Reihenfolge der Handlungen wird im grafischen Modell durch Nummerierung angegeben. Kooperationsbilder enthalten die wesentlichen Akteure, Tätigkeiten und Gegenstände eines Prozesses sowie Informationen zur vorhandenen IT-Unterstützung.

Schnittstellen zwischen Personen und/oder Systemen werden auf diese Weise deutlich. Die fachliche Begriffswelt schlägt sich in den Akteurs- und Gegenstandsbezeichnungen nieder. Kooperationsbilder enthalten damit die wesentlichen Informationen, die für das fachliche Verständnis eines Prozesses notwendig sind. Dieselben Informationen benötigt man auch für die Bewertung einer vorhandenen IT-Unterstützung des Prozesses, oder für den Entwurf einer verbesserten IT-Unterstützung.

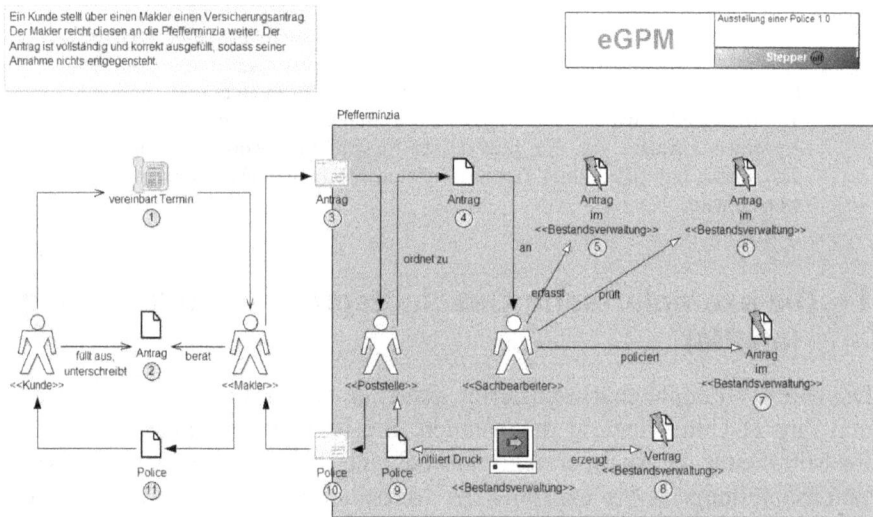

Abbildung 1: Ausstellung einer Versicherungspolice als Kooperationsbild.

Wir setzen die eGPM in der Firma C1 WPS (www.c1-wps.de) seit vielen Jahren gemeinsam mit unseren Kunden ein. Dafür verwenden wir das Modellierungswerkzeug ADONIS® mit einer speziell für eGPM erstellten Anwendungsbibliothek. Seit Dezember 2011 kann eine freie Version des Modellierungswerkzeugs über *www.openmodels.at/web/bpm/home* bezogen werden.

2   Das Tutorial

Die Teilnahme steht allen an Modellierung Interessierten offen. Im Tutorial demonstrieren wir die Pragmatik der Modellierung mit eGPM mit Hilfe des Modellierungswerkzeugs. Die theoretischen Grundlagen erklären wir in kurzen Einschüben. Ein praxisnaher, interaktiver Modellierungsworkshop nimmt den Hauptteil des Tutoriums ein. Die Dozenten nahmen dazu die Rollen des Moderators und Modellierers ein. Einige der Teilnehmer repräsentieren Fachexperten.

Ein ähnliches Tutorium werden wir im März 2012 auf der „Modellierung 2012"abhalten. Schulungen zur eGPM haben wir sowohl für die Kunden als auch die Mitarbeiter der C1 WPS abgehalten. Auf diesen Erfahrungen bauen wir unser Tutorial auf.

Das Tutorium gliedert sich in die Blöcke *Einleitung* (15min), *Kooperationsbild* (30min), *Modellierungsworkshops* (35min), *Weitere Modelltypen* (5min) und *Diskussion* (5min). Die Vortragenden sind Holger Breitling und Stefan Hofer.

Holger Breitling hat Informatik studiert und zählte zu der Softwaretechnik-Gruppe um Heinz Züllighoven. Er ist seit dem Jahr 1999 für die C1 WPS tätig und gehört der Geschäftsleitung an. Im Rahmen großer Transformationsprojekte war er an der Entwicklung der eGPM beteiligt.

Stefan Hofer studierte Software Engineering und arbeitet seit 2005 bei der C1 WPS. Er berät bei der Umgestaltung von Anwendungslandschaften und bei der exemplarischen Modellierung von Geschäftsprozessen. Diese Themen beschäftigen ihn auch im Rahmen seiner Promotion.

Teil III: Industriepräsentationen

Produktfamilien portabler Anwendungen für Mobilgeräte mit XText und Phonegap

Ralf Kretzschmar-Auer

Logica Deutschland GmbH & Co KG
Mobile Applications
Leinfelder Straße 60
70771 Leinfelden-Echterdingen
Ralf.Kretzschmar-Auer@logica.com

Abstract: Für einen Großkunden aus der Automobilindustrie entwickelte Logica Deutschland eine Familie von Web- und Mobile-Applikationen für elektronische Betriebsanleitungen. Ausgehend von einem bestehenden Datenbestand für die Anleitungen und der Anforderung für zusätzliche, in den vorhandenen Systemen nicht abbildbare Inhalte, entwickelten wir eine Domänenspezifische Sprache und Generatoren für eine Website und Mobile Applikationen für iOS und Android. Dieser Vortrag stellt den Ansatz und die damit gemachten Erfahrungen vor.

1 Die Ausgangsituation

Betriebsanleitungen werden bislang in gedruckter Form gedruckt den Fahrzeugen beigelegt. Unser Kunde wollte die Anleitung in zeitgemäßer Form zur Verfügung stellen. Die neue Anleitung sollte nicht nur Texte, sondern auch animierte Videosequenzen und Highlight-Videos enthalten. Die Publikation sollte über das Web sowie eine je eine App für iPhone und Android erfolgen.

Die Hauptaufgabe einer elektronischen Betriebsanleitung besteht darin, statische Informationen zu präsentieren. Dies führt zu einer großen Zahl gleichförmiger Seiten, die automatisiert aus einem Datenbestand erstellt werden sollten.

Für die ergänzend zu erstellenden Inhalte sollte ein Weg gewählt werden, der es den fachlichen Redakteuren ermöglicht, vorhandenes ohne großes technisches KnowHow fortzuschreiben und zu ergänzen, sowie später neue Apps für weitere Fahrzeugmodelle weitgehend selbstständig zu erstellen.

2   Die Toolchain: Eclipse, XText, XTend und Phonegap

Herkömmliche Webseiten werden heute entweder manuell mit HTML oder Flash erstellt oder man verwendet ein (mehr oder weniger komfortables) Content Management Tool und implementiert die Inhalte manuell. Analog implementiert man Apps zumeist manuell mit Objective-C. Beides bedeutet viel Handarbeit und wäre für unsere Zwecke ungeeignet gewesen.

Wir wollten für Web und App eine möglichst breite gemeinsame Basis. Ein Browser bildet eine Art virtueller Infrastruktur, die sowohl im Web als auch auf dem Mobilgerät vorhanden ist. Mit der Seitenbeschreibung in HTML und JavaScript haben wir eine Programmierung die prinzipiell auf allen Plattformen lauffähig ist.

Die Erstellung der Inhalte sollte für Redakteure auch ohne detaillierte HTML-Kenntnisse möglich sein. Die Einhaltung einer vorgegebenen Architektur sollte werkzeuggestützt garantiert werden. Wir entschieden uns daher für die Beschreibung der zusätzlichen Inhalte für eine einfache und leicht verständliche DSL und die Generierung von HTML aus in dieser DSL erstellten Beschreibungen.

Wir dazu ermittelten die Stereotypen der Darstellung, wie Anleitungsseite, Teaser oder Quickstart und ermittelten für jeden Stereotyp die vom Redakteur zu bestimmenden Elemente wie Texte, Bilder oder Videosequenzen. Die nachfolgende Abbildung zeigt einen Ausschnitt aus einem Quickstart.

```
quickstart Schalthebel {
    title "Schalthebel"
    step 1 {
        title "Schalthebel/Ablagefach (Fahrzeuge mit Automatikgetriebe)"
        image url "/images/quickstart_innen/schalthebel.jpg"
        caption {
            "1-6" "Vorwärtsgang"
            "R" "Rückwärtsgang"
        }
    }
    // ...
```

Es entstand eine Beschreibungssprache die mit nur ganz wenigen Ausnahmen sowohl für Web als auch für die Apps zu verwenden war.

Die DSL wurde in XText[1] formuliert. Daraus wurde einerseits ein Editor zum Erstellen der Inhalte generiert und einigen kleineren Ergänzungen zu einem komfortablen Editor ergänzt. Aus XText wurde außerdem die Infrastruktur für den Syntaxbaum des Generators erzeugt.

Der Eigentliche Generator wurde mit Xtend[2] erstellt. Auf Basis des Syntaxbaumes definierten wir Templates hauptsächlich für HTML und JavaScript. Sie integrieren die in der DSL erstellten Daten und die Daten der Betriebsanleitung und erzeugen daraus die Website sowie den Kern der Apps. Da sowohl für das Web als auch für die Apps HTML zur Seitenbeschreibung benutzt wird, brauchten große Teile der Generatoren nur einmal entwickelt werden.

Aus den Komponenten bauten wir einen Arbeitsplatz für den Redakteur auf Basisi der Eclipse-RCP. Er enthält den Editor, die Komponenten des Generators, Ant zur Steuerung der Generierung sowie einen Anschluss zu Subversion zur Verwaltung der Seitenbeschreibungen.

3 Portable Apps mit Phonegap

Der Markt der Mobilanwendungen wird weitgehend durch die beiden Marktführer iOS und Android beherrscht. Daneben gibt es weitere Plattformen mit mehr oder weniger geringem Marktanteil. Unser Kunde wollte die Apps zunächst für die beiden wichtigsten Plattformen herausbringen – und dabei die Kosten einer doppelten Implementierung vermeiden. Zusätzlich sollte es möglich sein, die App für weitere Plattformen ohne größere Umbauten oder Neuentwicklungen herauszubringen. Wir entschieden uns daher Phonegap[3] als portable Plattform.

Alle Mobilplattformen bieten ein GUI-Element, das einen eingebetteten Browser implementiert. Auf seiner Basis definiert Phonegap eine virtuelle Maschine mit HTML+JavaScript als Steuersprachen und einer standardisierten JavaScript-Schnittstelle zu den Features des Mobilgeräts wie beispielsweise Kamera, Sensoren oder Netzwerk. Sind die Seiten erstellt, können in wenigen Schritten die plattformspezifischen Varianten der App gepackt werden.

Literatur

[1]   Xtext, http://www.xtext.org

[2]   XPand, http://www.eclipse.org/xtend/

[3]   Phonegap, http://www.phonegap.com

Presentation: Building Secure Software, The good, bad and the ugly.

Martin Knobloch

OWASP Netherlands Chapter Leader,

OWASP Global Education Committee Chair

www.owasp.org

martin.knobloch@owasp.org

Abstract: Security is hot, all and everything has to be secure, but what does 'being secure' mean?

This presentation will take you into secure development, where to start and does it end? How to build awareness, implement secure development in you devevelemtent team. Into the whole company?

How to setup, monitor and improve security through software development?

There are a lot of myth about software, not the least it to be expensive. During this presentations, anecdotes from the field come by and lessons learned will be shared!

Die Pein mit der UML

Alexander Schneider

Continental Automotive GmbH

I CVAM RD SWP PTM
Heinrich-Hertz-Straße 45
78052 Villingen
Alexander.Schneider@contienntal-corporation.com

Abstract: Die UML hatte ihre Anfänge bereits 1987. Im Jahre 1997 wurde die erste offizielle Version von UML 1.1 verabschiedet. Seither hat die Sprache einen kontinuierlichen Verbesserungsprozess durchlaufen. Somit sollte man meinen, dass die UML einen gewissen Reifegrad erreicht hat. Dennoch wird die Sprache, zumindest in der Automobilindustrie, kaum akzeptiert. Aber woran liegt das? Ist das wieder nur eine Sprache die keiner braucht? Ist sie zu aufwändig? Welche Gründe gibt es sonst? Auch wenn es Hinweise gibt, wo die Probleme liegen, kann ich die Frage nicht abschließend beantworten. In den folgenden Abschnitten werde ich die Vorzüge der UML ehrlich beleuchten, und damit versuchen, die Entwickler und Manager zum Nachdenken anzuregen.

1   Das Schreckgespenst UML

Seit fünf Jahren kämpfe ich dafür, die UML in unserem Konzern zu etablieren und die Entwickler zur richtigen Verwendung anzuleiten. Leider ist das ein ziemlich langwieriger Prozess. Immerhin fangen die unterschiedlichen Bereiche damit an, sich an dieses Thema heran zu tasten.

Die Sprache wird bereits seit mehreren Jahren zur Dokumentation eingesetzt, jedoch ist diese los gelöst vom Source-Code und damit nicht immer richtig. Dies hat zwei Gründe. Erstens wird die Dokumentation nach Source-Code Änderungen nicht konsequent aktualisiert, und zweitens hat man wegen fehlender Code-Generierung keine Rückmeldung, ob das Modell überhaupt richtig ist.

Code-Generierung wird aus verschiedenen Gründen nicht eingesetzt. Einige Vorurteile halten sich hartnäckig und haben unter bestimmen Voraussetzungen sogar ihre Berechtigung. Unter anderem wird behauptet:

- Keine Kontrolle über den Code
- Schlecht lesbarer Code
- Schlecht zu debuggen
- Schlechte Laufzeit

- Hoher Verbrauch von RAM und ROM
- Aufwändiger Arbeitsablauf
- ... und einiges mehr

In den folgenden Abschnitten werde ich Stück für Stück einen möglichen Arbeitsablauf der Software-Entwicklung mit Unterstützung von UML aufarbeiten und damit die Vorteile der UML erläutern.
Die gezeigten Konzepte wurden in einem echten Projekt DTCO 1381R2 (Digitaler Fahrtenschreiber), mit einer Laufzeit von mehr als drei Jahren, im Einklang mit der agilen Entwicklungsmethode SCRUM, erfolgreich eingesetzt.

2 UML als Single-Source

Eines der größten Probleme in der Software-Entwicklung ist das Problem der unterschiedlichen Quellen für Informationen. In der Prozesskette gilt es, die Daten aus Anforderungen, Architektur, Design, Implementierung, Test und Dokumentation zusammen zu halten. Die UML kann dazu dienen, all diese Quellen in nur einer Datenbasis zu verwalten.

2.1 Requirements und Traceability

Kundenanforderungen, Testanforderungen oder andere Dokumente, die in irgendeiner Form mit der Software verknüpft werden müssen, lassen sich regelbasiert in ein UML Projekt importieren und synchronisieren. Die importierten Elemente können mit Hilfe der SysML, einer Erweiterung von UML, durch verschiedene Beziehungs-Typen miteinander verknüpft werden. Dies lässt sich auf jeder beliebigen Abstraktions-ebene durchführen.

Aus diesen Informationen lassen sich Traceability-Matrixes erstellen, welche zur Dokumentation verwendet werden können. Mit Hilfe dieser Beziehungen lässt sich sagen, ob bereits alle Anforderungen berücksichtigt wurden, oder welchen Einfluss eine Anforderungsänderung auf die Software hat.

2.2 Architektur und Design

Die Architektur einer komplexen Software lässt sich in logische, zusammengehörige Pakete unterteilen und kann so die Komplexität minimieren. Die Hierarchie ist beliebig. Typische Layer sind ein HAL (Hardware Abstraction Layer), ein Driver Layer, ein Service Layer, oder ein Application Layer.

Durch die Bestimmung der Layer, und durch weitere Aufteilung in einzelne Software-Module, lässt sich eine vermeintlich komplexe Software in kleine, verständliche Einheiten aufteilen. Diese lassen sich leichter planen, wiederverwenden und instand halten. Weiter lässt sich überprüfen, ob die Kommunikation strikt von oben nach unten geht.

Über die Architektur lassen sich Diagramme erstellen, die einen Überblick über die gesamte Software bieten. Dabei lässt sich durch geschicktes verknüpfen der Diagramme von einer Gesamtübersicht bis in die einzelnen Software-Module, oder sogar Operationen navigieren.

2.3 Dokumentation

Eine Architektur und ein Design brauchen einen beschreibenden Text. Dieser lässt sich für jedes Diagramm und jedes Element hinterlegen. Die Informationen können mit zusätzlichen Angaben, beispielsweise mit der Verwendung von Tags, verfeinert werden.
Aus den Diagrammen, Elementen und Beschreibungen lassen sich Dokumentationen generieren. Weil die Elemente und die beschreibenden Texte gemeinsam im Modell gespeichert werden, kann man sich sicher sein, dass beispielsweise der Name einer Operation korrekt dokumentiert wird.
Die gleichen Informationen können in unterschiedlichen Dokumenten wieder verwendet werden. So lässt sich ein Dokument für den Kunden erstellen, mit weniger Informationsgehalt, und ein ausführlicheres Dokument für interne Zwecke. Mit wenigen Änderungen kann man bei Bedarf aus der gleichen Dokumentengenerierungs-vorlage unterschiedliche Ausgabeformate generieren. So kann es sinnvoll sein, eine Dokumentation in Word und in HTML zu erzeugen.

2.4 Implementierung

Die Architektur und das Design sind nicht nur zur Übersicht gedacht. Wie bereits beschrieben geht es bis ins Detail auf Operationsebene. Somit ist bereits die Struktur der Software vorhanden und es fehlt nur noch die Implementierung der einzelnen Operationen. Weshalb sollte man also nicht auch noch die Implementierung einer Operation im Modell ablegen?

Mit dem generierten Code wird nicht nur sichergestellt, dass Namen von Datentypen, Operationen, die Signatur von Operationen und weiterer Elementen mit dem Modell und somit mit der Dokumentation übereinstimmt, man kann auch gleich den beschreibenden Text der Elemente als Source-Code Kommentare in den Code generieren. So hat man abermals die Dokumentation wieder verwendet.

Mit kleinen Änderungen in den Projekt-Einstellungen können Source-Code Kommentare in einem anderen Style (z.B. Doxygen), oder mit zusätzlichen Informationen, generiert werden. So lassen sich beispielsweise Verknüpfungen zu Anforderungen in den Source-Code Kommentar generieren.

2.5 Test

Test-Software die keine Integration in die UML hat, kann wie normaler Source-Code modelliert und generiert werden. UML unterstützende Test-Tools bieten die Möglichkeit, die Tests gegen existierende Diagramme zu verifizieren. Dazu später aber mehr.
Auch hier lassen sich die Tests mit den (Test-)Anforderungen und den getesteten Softwareteilen verknüpfen. Dokumentation kann auf die gleiche Weise erfolgen, wie für die Software.

2.6 Varianten

Mit Hilfe von unterschiedlichen Komponenten-Definitionen lassen sich über die Festlegung des Geltungsbereiches unterschiedliche Varianten bilden. Dabei wird die Variante durch Substitution definiert. Einige UML-Tools bieten deutlich cleverere Mechanismen.

2.7 Deployment

Für das generieren, kompilieren und linken des Source-Codes lassen sich unterschiedliche Konfigurationen definieren. Mit Hilfe dieser Konfigurationen kann sehr einfach zwischen unterschiedlichen Zielplattformen gewählt werden.
Manche Konzepte sehen vor, den Source-Code in die IDE/EDE der Zielplattform zu generieren, um dort zu kompilieren und im Simulator zu debuggen. Geänderter Code kann über einen Roundtrip-Mechanismus wieder ins Modell importiert werden.

3 Modellgetriebene Entwicklung

Die UML ist so mächtig und vielseitig, dass viele gar nicht wissen, wie sie die Sprache am Besten einsetzen sollen. Mit der UML ist es wie bei jeder anderen Programmiersprache. Um gut zu werden braucht es jahrelanges Training und die kontinuierliche Verwendung der Sprache.
Im Folgenden will ich ein Beispiel geben, wie man die UML einsetzen kann. In welchem Umfang die Sprache eingesetzt wird, muss jeder selbst entscheiden.

3.1 Das V-Modell

In der Automobilindustrie ist das V-Modell weit verbreitet. Allerdings wird es oft mit dem Waterfall-Modell in Verbindung gebracht. Tatsächlich hat es damit nichts zu tun. Es werden lediglich die benötigten Prozessschritte aufgezeigt. In welcher Reihenfolge diese bearbeitet werden, oder ob man sie sequentiell bearbeiten muss, wird damit nicht festgelegt.

In der folgenden Abbildung ist ein V-Modell zu sehen, wie es bei uns im Prozess dargestellt wird. Zu beachten sind die Querverweise der linken und rechten Seite. Mit den kreisförmigen Pfeilen soll angedeutet werden, dass man mehrere Iterationen durchlaufen kann. Es lässt sich beliebig vor und zurück bewegen. Die grünen Bereiche können komplett mit einem UML-Tool abgebildet werden. Das Requirements Engineering ist ein Grenzgebiet. Zumindest kann die UML den Requirements Engineering Prozess unterstützen.

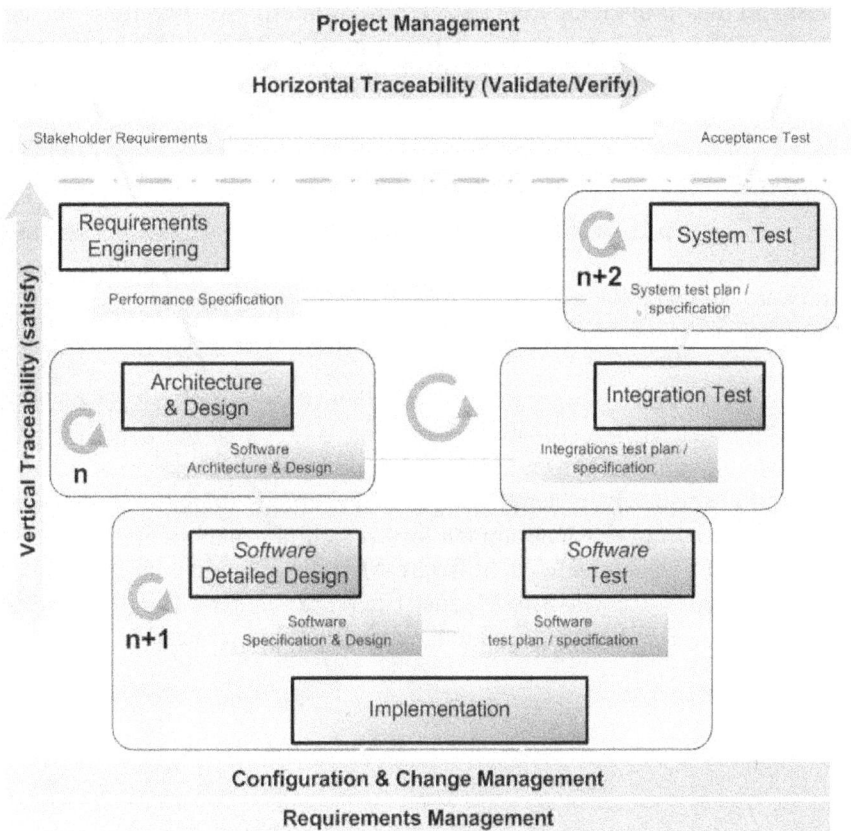

Abbildung 1: Das V-Modell mit agiler Methode SCRUM

Die kreisförmigen Pfeile mit den Angaben n, n+1 und n+2 repräsentieren einzelne Sprints aus der SCRUM Methode. Die Architektur-Ergebnisse aus dem Sprint n wurden im Sprint n+1 implementiert und im Sprint n+2 im System-Test verifiziert.

3.1.1 Anforderungsanalyse

Zunächst werden die Requirements in das UML-Projekt importiert, um diese später mit Modell-Elementen verknüpfen zu können. Mit Hilfe der Requirements versucht man zunächst, die Anwendungsfälle (Use Cases) zu bestimmen. Dabei ist es völlig ausreichend, auf einer sehr abstrakten Ebene aufzuschreiben, was das System tun soll. Bei einem Bankautomat wäre das beispielsweise Kontostand anzeigen, Geldkarte aufladen und Geld auszahlen. Wie das implementiert wird, darüber wird noch keine Aussage getroffen. Ein weiterer wichtiger Aspekt ist, wer mit dem System kommuniziert.

Für die gefundenen Use Cases werden Szenarien aufgeschrieben. Um beim Beispiel eines Bankautomaten zu bleiben könnte dieses wie folgt aussehen: Karte einlesen, Aufforderung zur PIN Eingabe, PIN verifizieren, Auszahlungsbetrag abfragen, Geld auszahlen, Karte auswerfen. Auf Details, wie Eingabe einer falschen PIN, kann zunächst verzichtet werden. Das sind lediglich Ausprägungen, die die System-Architektur nicht entscheidend beeinflussen.

Die verschiedenen Szenarien werden mit Hilfe von Sequenz-Diagrammen beschrieben und dienen als erster Indikator, wie der strukturelle Aufbau der Software aussehen kann.

3.1.2 Architektur

Die Szenarien der Anforderungsanalyse dienen als Grundlage für die Architektur. Bei der Verfeinerung der Szenarien lassen sich die benötigten Software-Module und Schnittstellen zwischen den Modulen erkennen.
Durch die Verwendung der UML hat man implizit Integrations-Tests definiert. In den Sequenz-Diagrammen lassen sich nur Nachrichten verwenden, die auch im entsprech-enden Software-Modul vorhanden sind, es sei denn man verwendet den Analyse-Modus. Über die Sequenz-Diagramme lassen sich leicht Reviews durchführen und gegen die Requirements prüfen.

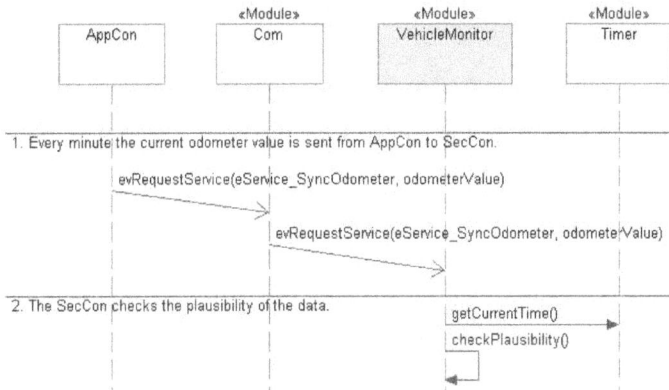

Abbildung 2: Szenario dargestellt als Sequenz-Diagramm auf Architektur-Ebene

In dem Beispiel ist AppCon ein externes System. Das Com-, Timer-, und VehicleMonitor-Modul wurden für das Szenario identifiziert. Über die Nachrichten und Operations-Aufrufe ist klar, wie die Schnittstellen auszusehen haben.

3.1.3 Design

Die Ergebnisse der Architektur werden als Basis für das Design verwendet. Hierbei wird die gleiche Vorgehensweise angewandt, wie bei der Architektur. Das Ganze passiert nur eine Ebene tiefer.

Die Klasse VehicleMonitor ist die Schnittstelle für die anderen Module. Die grün eingefärbten Klassen sind Bestandteile des Moduls, die sich untereinander verwenden, aber niemals direkt von anderen Modulen verwendet werden. So entstehen die internen Elemente eines Moduls, inklusive der benötigten Schnittstellen

Mit dem Wissen, wie die Schnittstelle eines Moduls aussieht, kann bereits mit den Modul-Tests begonnen werden. Diese Tests sind auch bekannt als Blackbox-Tests.

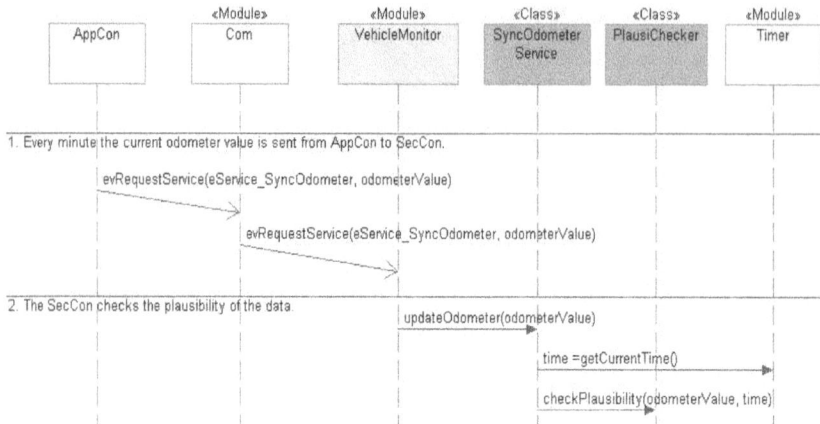

Abbildung 3: Szenario dargestellt als Sequenz-Diagramm auf Design-Ebene.

3.1.4 Implementierung

Mit der Architektur und dem Design existiert bereits die gesamte Struktur der Software. Selbst die einzelnen Klassen, Datentypen und Operationen sind definiert. Somit fehlt es nur noch an den Inhalten der einzelnen Funktionen. Nur noch ein kleiner Schritt zur vollständigen Code-Generierung.

Auf Implementierungsebene werden Unit-Tests entwickelt, um die Implementierung auf tieferer Ebene zu verifizieren. Diese Tests sind auch bekannt als Whitebox-Tests.

3.1.5 Test

Die Tests wurden in der Architektur, dem Design und der Implementierung bereits angesprochen. Hier sei aber noch erwähnt, dass man mit den oben beschriebenen Konzepten die Tests vor der Implementierung, gleichzeitig, oder hinterher entwickeln kann.

Es ist sogar möglich, die Sequenz-Diagramme aus Architektur und Design automatisiert für Tests zu verwenden. Dazu wird die Software in einem Animations-Modus ausgeführt und ein Sequenz-Diagramm aufgezeichnet, welches mit dem referenzierten Diagramm verglichen wird. Auf diese Weise wird direkt gegen die Requirements getestet.

3.1.6 Dokumentation

Sämtliche Modell-Elemente werden in einem Textfeld und ggf. mit zusätzlichen Tags beschrieben. Bei klar definierter Struktur des Software-Modells lassen sich Templates zur Dokumentengenerierung erstellen, und damit zu jeder Zeit eine aktuelle und gültige Dokumentation der Software erstellen.

4 Code-Generierung

Das heikelste Thema in der UML ist die Code-Generierung. Seltsamerweise werden die Code-Generatoren von Tools wie Matlab-Simulink akzeptiert. Auch Compilern vertraut man blind. Nun sollte man aber eines Wissen: bei guten UML-Tools kann man den Code-Generator bis zu 100% kontrollieren.

4.1 Files

UML definiert zwar nicht von Hause aus unterschiedliche Ausprägungen von Klassen, jedoch hat man die Freiheit, mit Hilfe von Stereotypen unterschiedliche Implementierungen zu ermöglichen.
Klassen können mehrfach instanziiert werden, so kann die gleiche Funktionalität wieder verwendet werden. Dieses Konzept wird oft nicht richtig verstanden, weil man das mit dynamischer Speicherverwendung gleich setzt. Das ist aber nicht notwendigerweise der Fall.

Mit Hilfe von Files kann man herkömmlichen C-Code abbilden. Files sind Container für Typ-Definitionen, Variablen und Funktionen. Somit existiert kein Unterschied zu handgeschriebenem Code.

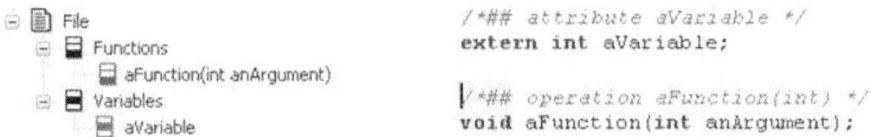

```
File                              /*## attribute aVariable */
  Functions                       extern int aVariable;
    aFunction(int anArgument)
  Variables                       /*## operation aFunction(int) */
    aVariable                     void aFunction(int anArgument);
```

Abbildung 4: Mapping von einem File zum Code.

Manche Dinge lassen sich nur mit viel Aufwand in der UML darstellen. Die beliebten Pre-Prozessor Anweisungen für Varianten-Handling gehören dazu. Mit einer etwas anderen Struktur lässt sich das Problem aber viel eleganter und ohne Pre-Prozessor Anweisungen lösen.

4.2 Classes

Klassen sind in Sprachen wie C++ oder Java bereits vorhanden. In C werden diese als Strukturen abgebildet. Die Attribute einer Klasse bilden die Attribute der Struktur. Eine Instanz der Struktur wird an die Funktionen übergeben. Diese entspricht dem this-Pointer aus C++.

```
                              typedef struct Class Class;
    itsClass                  struct Class {
   Types                          int anAttribute;          /*## attribute anAttribute */
   Class                      );
      Attributes
         anAttribute
      Operations              /* Constructors and destructors:*/
         anOperation(int anArgument)  void Class_Init(Class* const me);
                              void Class_Cleanup(Class* const me);


                              /* Operations */
                              /*## operation anOperation(int) */
                              void Class_anOperation(Class* const me, int anArgument);
```

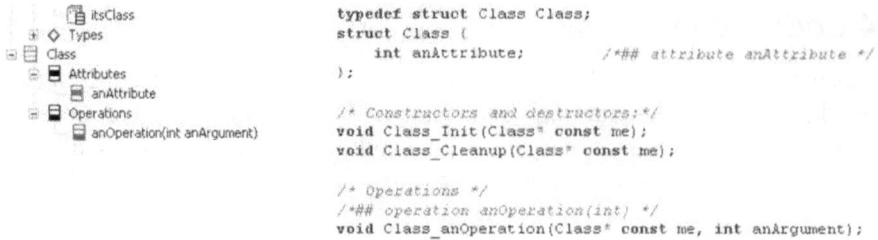

Abbildung 5: Mapping von einer Class zum Code.

4.3 Interfaces

Die Interfaces der UML werden mit Hilfe von Funktions-Pointer realisiert. Für jede Interface-Operation wird ein Eintrag in einer Struktur generiert. Die implementierende Klasse initialisiert diese Struktur mit Pointer auf die eigenen Operationen. Ruft ein Client eine Funktion im Interface auf, wird über die Instanz entschieden, welche implementierende Klasse tatsächlich aufgerufen wird.

Die Interfaces dienen gleichzeitig als abstrakte Klassen. Wird eine Operation im Interface implementiert, wird diese ausgeführt, statt einen Funktions-Pointer zu generieren.

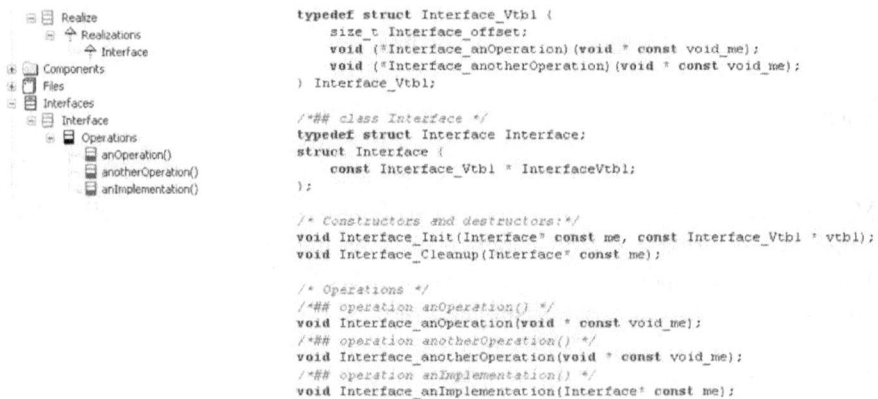

```
   Realize                    typedef struct Interface_Vtbl {
      Realizations                size_t Interface_offset;
         Interface                void (*Interface_anOperation)(void * const void_me);
   Components                      void (*Interface_anotherOperation)(void * const void_me);
   Files                      } Interface_Vtbl;
   Interfaces
      Interface               /*## class Interface */
         Operations           typedef struct Interface Interface;
            anOperation()      struct Interface {
            anotherOperation()     const Interface_Vtbl * InterfaceVtbl;
            anImplementation() };

                              /* Constructors and destructors:*/
                              void Interface_Init(Interface* const me, const Interface_Vtbl * vtbl);
                              void Interface_Cleanup(Interface* const me);

                              /* Operations */
                              /*## operation anOperation() */
                              void Interface_anOperation(void * const void_me);
                              /*## operation anotherOperation() */
                              void Interface_anotherOperation(void * const void_me);
                              /*## operation anImplementation() */
                              void Interface_anImplementation(Interface* const me);
```

Abbildung 6: Mapping von einem Interface zum Code.

Wem dieses Konzept, aus welchen Gründen auch immer, nicht gefällt, braucht es nicht zu verwenden. Dies gilt im Übrigen auch für alle anderen Mechanismen. Wenn man aber eine ähnliche Funktionalität benötigt und diese von Hand implementiert, wird sie garantiert nicht besser sein.

4.4.1 Asynchrone Statemachine

Statemachines funktionieren Ereignis- oder Nachrichten-getrieben. Für den Empfang von Nachrichten wird eine Message-Queue benötigt. Zu einem späteren Zeitpunkt werden die Nachrichten aus der Queue geholt und verarbeitet. Für diese und weitere Mechanismen, wie aktive Klassen (Tasks), Speicher-Management oder Timer-Management stellen einige UML-Tools fertige Frameworks zur Verfügung.

Diese Frameworks haben eine Abstraktionsschicht, um den Code an die Hardware anzupassen. So kann man entweder seine eigene Laufzeit Umgebung bauen, oder sich in ein bestehendes Betriebssystem einhängen. Für Anpassungen an die Hardware, bzw. das Betriebssystem wird im einfachsten Fall ein Timer-Tick benötigt, mit dessen Hilfe das Timer-Management bedient werden kann, um so die Timeout-Funktionalität in Statecharts zu ermöglichen.

Kritische Aktionen, wie das hinzufügen einer neuen Nachricht in die Message-Queue müssen beispielsweise über Semaphoren vor anderen Prozessen geschützt werden. Manche Betriebssysteme bieten bereits Message-Queues an. Auch für das Speicher-Management haben verschiedene Betriebssysteme bereits bestehende Mechanismen, welche verwendet werden sollten.

Wem diese Anpassungen zu viel Aufwand, oder zu riskant sind, kann sich an spezialisierte Anbieter wenden.

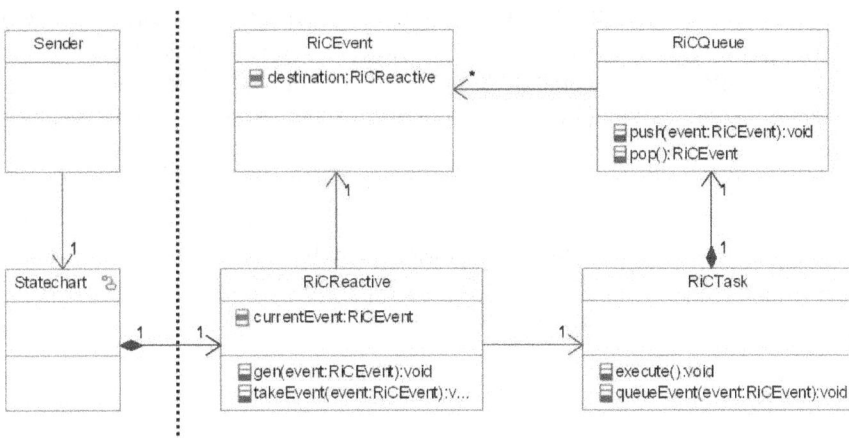

Abbildung 7: Skizze eines Framework-Ausschnittes (links modelliert, rechts Framework).

In der Abbildung ist die grobe Funktionsweise der Verarbeitung von Nachrichten für Statemachines dargestellt. Ein Sender schickt eine Nachricht an eine Statemachine. Da die Nachrichtenverarbeitung nicht von jedem erneut implementiert werden soll, kommt das Framework ins Spiel. Die Klasse einer Statemachine besitzt eine Instanz von RiCReactive, eine Framework-

Klasse, die Nachrichten verarbeiten kann. Zunächst wird die Nachricht in
der gen()-Operation über queueEvent() von RiCTask in die Message-Queue
gespeichert. Jede Task besitzt also eine Message-Queue die mehrere reaktive
Objekte bedienen kann. Der Sender hat seine Nachricht abgesetzt und ist nun
wieder frei. Wenn die Task der Message-Queue an die Reihe kommt, wird
die nächste Nachricht nach dem FiFo-Prinzip aus der Message-Queue raus
geholt. Die Nachricht selbst kennt den Empfänger, weshalb die Task in der
execute()-Operation die takeEvent()-Operation des Empfängers aufrufen
kann. Dort wird die Nachricht verarbeitet und ggf. in einen anderen State
gewechselt.

4.4.2 Synchrone Statemachines

Synchrone Statemachines sind riskant, weil man damit schnell einen Dead-
lock produzieren kann. Daher werden sie in der Regel nicht angeboten. Dennoch kann es manchmal sinnvoll sein, eine synchrone Statemachine zu verwenden. Zum Einen spart man Speicher, zum Zweiten kann die Code-
Generierung von Statecharts verwendet werden, ohne ein Framework einzusetzen, und zum Dritten werden damit Betriebssysteme, wie OSEK, unterstützt.
So flexibel wie die UML ist, lässt sich das leicht realisieren. Man verwendet
die Code-Generierung der Statechart, tauscht im Hintergrund das Framework
mit zwei selbst geschriebenen Klassen aus, SyncRiCReactive und
SyncRiCEvent, und schon hat man eine synchrone Statemachine.
SyncRiCReactive speichert lediglich eine Referenz auf die aktuelle Nachricht. Da diese synchron verarbeitet wird, benötigt man keine Message-
Queue. SyncRiCEvent benötigt lediglich die Event-ID. Über diese wird in
der generierten Statemachine entschieden, in welchen State ggf. gewechselt
wird.

Ohne zu berücksichtigen, dass sich das Systemverhalten zwischen synchron
und asynchron ändert, kann das gleiche Diagramm einfach umgeschaltet
werden. Somit lassen sich, innerhalb des gleichen UML-Projektes, gleichzeitig synchrone und asynchrone Statemachines verwenden.

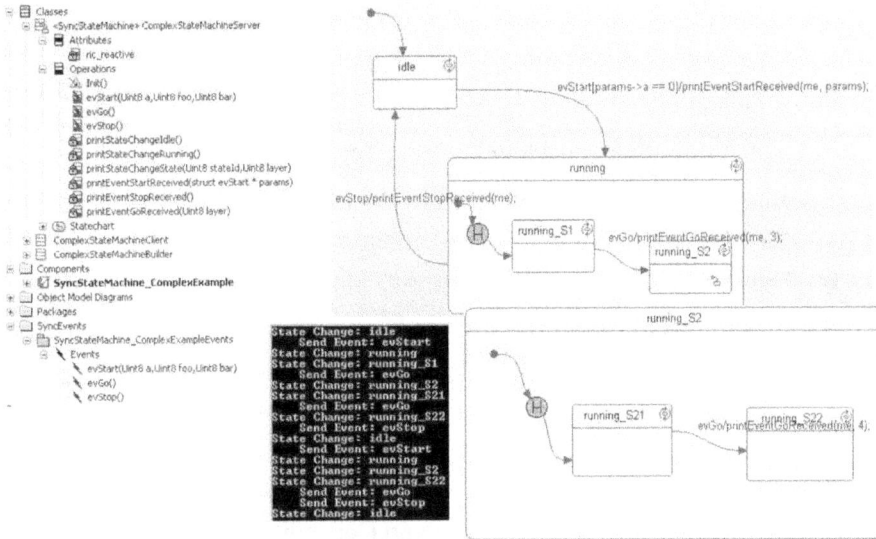

Abbildung 8: Aufbau einer synchronen Statemachine.

In dem dargestellten Beispiel wird ein Statechart mit Sub-Statecharts und History-States verwendet. Im Command-Prompt sieht man, was nacheinander passiert. Nach dem Start des Programms geht die Statemachine zunächst in den idle-State. Durch die Nachricht evStart wechselt sie in den running-State und in den running_S1-State, in dem Sub-Statechart. Nach senden von evGo wird die Statemachine in den running_S2-State und running_S21-State versetzt. Erneutes senden von evGo versetzt die Statemachine in den finalen State running_S22-State.

Durch senden von evStop wird die Statemachine wieder in den idle-State zurück versetzt. Weil der vorige State gespeichert bleibt, wechselt die Statemachine bei erneutem senden von evStart direkt in running, running_S2, running_S22. In diesem Zustand hat das erneute senden von evGo keine Auswirkung und wird ignoriert.

5 Zusammenfassung

Die Möglichkeiten der Code-Generierung in der UML sind so mächtig und flexibel, dass man alle Anforderungen an den generierten Code erfüllen kann. Die alten Vorurteile über unleserlichen, ineffizienten, speicherfressenden Code entbehren jedweder Grundlage.
Unter Anderem ergeben sich folgende Vorteile für die Verwendung der UML:

- Gemeinsame Datenbasis für die gesamte Entwicklung
- Unterstützung zur Software-Kapselung
- Verwendung objektorientierter Ansätze auch in C
- Synchronisation von Modell, Code, Test und Dokumentation
- Wiederverwendung von Modell, Code, Test und Dokumentation
- Nachverfolgbarkeit von Anforderungen und Tests
- Unterstützung testgetriebener Entwicklung
- Beliebige Skalierung zur Verwendung der Fähigkeiten
- Rapid Prototyping durch Simulation auf Modell-ebene
- Einheitliche Struktur für generierten Code (z.B. Statemachines)
- ... und vieles mehr
- Selbstverständlich gibt es auch einige Nachteile:
- Enormer Bedarf an Schulungen und Coaching nötig
- Geänderte Arbeitsweise gegenüber dem Gewohnten (starkes Umdenken nötig)
- Bestehender Code kann oft nur schwer abgebildet werden (Varianten-Handling über Pre-Prozessor Anweisungen)

Literatur & Referenzen

[1] http://www-01.ibm.com/software/awdtools/rhapsody/
[2] http://www.ibm.com/developerworks/downloads/r/rhapsodydeveloper/
[3] http://www-142.ibm.com/software/products/de/de/ratirhap/
[4] http://www.willert.de/
[5] Heide Balzert: UML 2 in 5 Tagen: Der schnelle Einstieg in die Objektorientierung, 2. Auflage, (20. November 2008), S. 146.
[6] Chris Rupp, Stefan Queins, Barbara Zengler: UML 2 glasklar: Praxiswissen für die UML-Modellierung, 3. Auflage, (2. August 2007), S. 566
[7] Bernd Oestereich: Objektorientierte Softwareentwicklung. Analyse und Design mit UML 2.1, aktualisierte Auflage (11. Januar 2006), S. 378
[8] Bruce Powel Douglass: Real Time UML: Advances in the UML for Real-Time Systems, 3. Auflage, (17. Februar 2004), S. 694
[9] Bruce Powel Douglass: Real Design Patterns for Embedded Systems in C: An Embedded Software Engineering Toolkit, 1. Auflage, (1. November 2010), S. 472

Teil IV: Young Researchers

Attacking user accounts

Stefan Link

Fakultät Informatik
Hochschule Furtwangen University
Robert-Gerwig Straße 1
78120 Furtwangen
M&M Software GmbH
Software Development
Industriestraße 5
78112 St. Georgen
Stefan.link@hs-furtwangen.de

Abstract: Web applications offer rich sets of functionality and often store private data of their users that should not be available to others. For this purpose websites have to introduce a user management to distinguish authorized and unauthorized access. Two concepts were introduced to address this issue, authorization and session management. Those two concepts like the whole user management are very complex and therefore error prone. The attacks against the authentication target stealing user accounts by first finding some usernames and then guessing the corresponding passwords. The attacks against the session management target stealing the session token of authenticated users to get access without knowing any user credentials. All the attacks can be prevented by paying special attention to the authentication controls like the login page and the session token generation, handing and termination.

1 Authentication and session management

Today's web applications often have a large number of users. Those users have different access rights and can store or retrieve data stored on the web server. To achieve that a website can identify a user that wants to access a resource, the user has to provide some credentials. Normally it's an account name and a corresponding password. The account name uniquely identifies the user. A corresponding password then ensures that the user is what she claims to be.

The user credentials are passed to a website only once on a single login page. So there must be a way to identify the user over several website pages without resubmission of the user credentials on any following request. This is achieved by assigning a unique identifier to each authenticated user. The unique identifier is stored on the client side, in a cookie or the URL and transmitted with every further request to the website. So the website can determine which user sent the request and process the requested resources based on that knowledge.

Both the authentication mechanism and session management can contain vulnerabilities because of logic flaws, bugs, usability features or false implementation of the necessary components. Attacks against authentication and session management will be the subject of the next two chapters. Specific, well known attacks against vulnerabilities in web applications in authentication and session management are described and prevention methods against the attacks are given.

2 Attacking authentication

Attacking the authentication means circumventing the login mechanism by abusing logic flaws or bugs. Another possible way that will be described here is to abuse the login and authentication related functionality to guess user account names and corresponding password. The objective is stealing user accounts to get access to the web application masked as those users.

2.1 Username enumeration

Getting usernames is the first step of getting valid user credentials. Even when the usernames aren't visible to other users of an application it might be possible to get or guess some of them. Authentication-related controls like the register dialog can be abused for guessing usernames. Nearly everyone that wants to register stumbles upon an already assigned account name and has therefore guessed a valid user account of another website user.

A pitfall of the authentication mechanism is the transmission of the user credentials. If the login page of the application sends the user credentials over an insecure communication channel, they can be sniffed by an attacker.

1.1.1 The login screen

Even the authentication mechanism could be abused to guess usernames when responds contain meaningful messages. A login request has several different results. No part of the credentials is correct, only the username is correct or both, username and password are correct (hopefully there's never the possibility that only the password is correct). The third result is a successful login whereas the first two results aren't. If the application responds with different messages on unsuccessful login, it's possible to first guess usernames and afterwards the corresponding password. Such a result might be very obvious like the one in figure 1 and figure 2 or only very subtle.

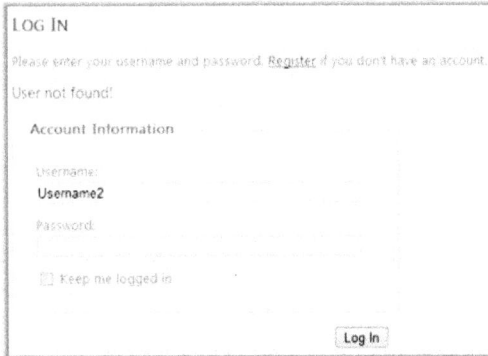

Figure 1: Invalid login attempt 1

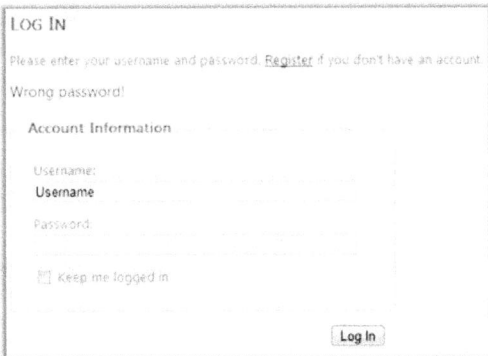

Figure 2: Invalid login attempt 2

1.1.3 Remember me

Additional functionality can be applied to the login screen. Those are often usability features like a remember me token. Such a token is issued by the application after a successful login for future login attempts. A user doesn't have to enter parts of her credentials or even gets authenticated automatically.

If such a token contains the user account id for retrieving the username on further login attempts, an enumeration of user ids yields the list of all registered user accounts. So a better solution might be the username itself.

But if the application then only inserts a valid username into the login screen, guessing usernames is possible again.

When such a feature is needed a random generated token should be used to identify the user on future requests. And even then the feature is a vulnerability. Using the application on a PC shared between many users discloses the username or user account to other users of the application. Stolen user information or malicious actions performed by that user account may be the consequences.

1.2   Password brute force

With a list of valid usernames it's now possible to apply a password guessing attack. The password guessing attack is a brute force attack in which the password of a user account should be discovered by trying out every possible one until the correct is found. The success of this attack depends on the password rules and number of login trials deployed by the application. Attacks that use dictionary words can speed up the process because most people use those instead of unpredictable strings. Password guessing attacks can be automated by using tools that utilize wordlists and create passwords due to intelligent rulesets. [1]

This attack is very easy to perform. Anyone is able to try username and password combinations on login screens. But by automating the attack, an attacker is able to test a high number of username and password combinations in little time. Without the valid usernames of the username enumeration an attacker needs to guess usernames and corresponding passwords simultaneously which slows down such an attack extensively.

1.3   Prevent the attack

Preventing brute force attacks is difficult. But there are several techniques when deployed together can slow down the attack substantially. An account lock mechanism and strong password rules are two of them.

1.3.1 Account lock

The account lock mechanism is applied to the login screen of an application to prevent brute force attacks directly. Users have only a few login trials before their account gets locked and they have to do several out of band actions to unlock it again.

The mechanism has to be developed properly to really prevent the brute force attack. The first thing to mention is that the number of login trials has to be stored in the back end data store, not in the page or the session of the user. Nothing prevents an attacker from requesting a new page or session before each request. A second thing is the response message of the application on login trials. There should be no information about the left login trials or lock status of the user account. With this information an attacker might again guess user accounts because invalid usernames can't be locked by the application. Figure 3 shows the default ASP.NET web application login page. There's no information about the lock status or login progress.

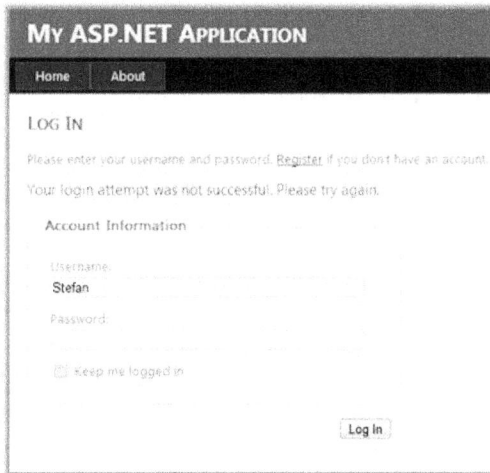

Figure 3: ASP.NET default login page

The downside of this mechanism is that it introduces a new sort of weakness that can be used for another attack. With a list of valid user accounts it's possible to abuse the functionality to lock all the users and deny easy access to the website for them. Therefore this attack is some kind of denial of service attack and it's called account lockout attack. To prevent account lockout it's necessary that the username enumeration described previously is not possible.

Normally a user account is tested against several hundred or thousand passwords, but also an easy password like the common '123456' can be tested against a list of user accounts. So not only the login page should protect against brute force, also the credentials can prevent the benefits of such an attack.

1.3.2 Password rules

"Users must be educated about the importance of protecting their passwords."[2] But a web application should not rely on the advice to choose strong passwords. The application itself has to introduce password rules. Forcing password rules has to be a compromise between security and usability. If the rules are in a kind that users can't remember their passwords, they're going to write them down. To protect against easy to guess passwords it's necessary to introduce these rules:

- A minimum and maximum length.

- They should at least include a special character, an uppercase letter, a lowercase letter and a number.

- They shouldn't have any similarities to the username.

- They should expire after a fixed time interval.

Users should also be able to change their passwords. Passwords do not have to be displayed back to the user any more. So there's no need to store them in plaintext. Instead a one way hash algorithm can be used to obfuscate them. "The right way to do it is to generate a random salt, hash the password with the salt, and store both the salt and the hash."[3] So even when attackers get access to the user accounts in the database they're not able to get the plain passwords.

3 Stealing session tokens

Stealing the session token of another user of a web application is an alternative to guessing user credentials. This can be achieved in many different ways. Stealing the token of an already authenticated user of a web application is called session hijacking. An alternative is the session fixation attack that starts before the user whose 'session' should be stolen authenticates to the application. Both attacks only function when the web application has particular vulnerabilities.

3.1 Session hijacking

In this type of attack the attacker tries to steal a valid session token and uses it to perform malicious actions masked as another user of the web application. Session hijacking exists in various different forms, each targeting another vulnerability. One way is to steal the session tokens by sniffing the network traffic between the web application and a client. This is the most difficult to accomplish, there are several easier ones that are going to be represented next.

3.1.1 Predictable tokens

If the session tokens are generated in a predictable way it might be possible to find out how the tokens are generated. With that knowledge the session tokens of other users of the web application can be calculated or guessed. To perform this attack at first a set of session tokens has to be captured for further analysis. This yields a list of session ids like in table 1.

Table 1: Sequence of retrieved session ids

Nr.	Session id
1	11420-1328710100746
2	11421-1328710100844
3	11422-1328710100945
4	11423-1328710101045
5	11424-1328710101146
6	11425-1328710101250
7	11427-1328710101349
8	11428-1328710101445
9	11429-1328710101546
10	11430-1328710101645

That session id exists of two parts, a sequence of numbers and an actual timestamp in milliseconds. A closer look uncovers a missing session id: `11426-13287101xxx`. This sequence number seems to be issued to another user of the application. An attacker would now request all the possible session ids with the last three digits between the previous and the following session id. If this is done promptly, the attacker might catch an active user session. The pattern of the session tokens might not be that easy like in this example, but also the tokens generated by a pseudo random generator can be predictable.

3.1.2 Session token in URL

If a web application supports cookieless browsing, the session token has to be stored in another location than the cookie. In this case often the URL is used to resolve this requirement:

www.somesite.com/(S(c5blp22vscxhox1yqmmy04hl))/default.aspx

A session id in the URL is a potential security risk. Users that want to show the page to anyone else copy and paste the URL. The session id is given to another person that unintentionally hijacked it. That's not the only problem. The session id might appear in logs of instant message services, emails and for a short period in the clipboard. The session id can also be found in the log files of the web browser because they store the URLs of visited websites.

3.1.3 Cross site scripting

The cross site scripting attack takes place in the web browser and therefore directly attacks the website users or abuses them to perform malicious actions. The goal is to embed malicious scripts in the responding HTML page of the web application. Those scripts are then executed by the web browser of the user.

With the help of such an attack it's possible to get the values of cookies stored on the client and therefore the session tokens. Figure 4 shows the terminology of such an attack.

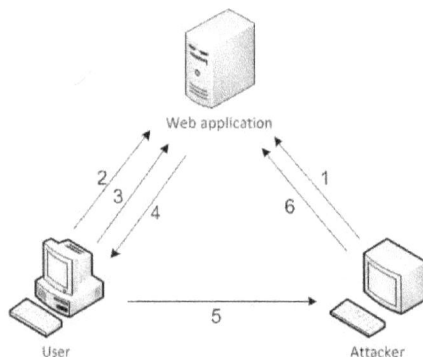

Figure 4: Stored cross site scripting attack

1. The attacker places a malicious script that sends back the cookie details to her server into the target web application.

2. A user authenticates to the application.

3. The user requests the web page that contains the malicious script.

4. The website includes the malicious script into the responding page and sends it to the user.

5. The browser of the user executes the script and sends the cookie data and therefore session tokens to the attackers server.

6. The attacker uses the retrieved session token to access the application masked as the user.

3.2 Session fixation

Session fixation is a very special sort of session hijacking attack. Session hijacking attacks normally take place after a user successfully authenticated and received a valid session token. The session fixation attack starts before that point. Figure 5 shows the process of a session fixation attack.

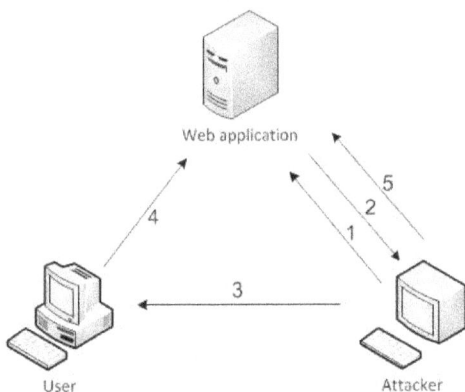

Figure 5: Session fixation

1. The attacker requests the target web application.

2. The attacker receives a valid session token.

3. The attacker feeds his session token to another user of the web application.

4. The user logs into the web application using the session token of the attacker.

5. The attacker now has a user's session and can make actions masked as that user.

In step 3 the session token can be fed to the user in different ways. The easiest is when the application supports session ids in the URL.

www.somesite.com/(S(c5blp22vscxhox1yqmmy04hl))/default.aspx

A user of the application could, with the help of some social engineering, be tricked to use this URL for login. Another way is to insert a malicious script that sets the session cookie:

<script>

document.cookie="sessId=c5blp22vscxhox1yqmmy04hl;path=/"

</script>

This can take place in situations where cross site scripting attacks are possible.

The attack only functions when the web application uses an already existing session token and ties the authentication and resulting authorization for the user to that session token.

The session fixation attack can be prevented by issuing a new session token on successful login and logout. ASP.NET has another approach to this issue. A session token is sent to the user on first request for the application. On successful authentication the user then receives another token, the authentication token that includes the user information.

3.3 Prevention

To prevent session hijacking several factors have to be considered. The generation and handling of session tokens has to be properly.

3.3.1 Token generation

Modern web frameworks like ASP.NET offer such functionality out of the box. If a custom session token has to be used those have to be generated in an unpredictable way. So the responsible algorithm has to be proven to produce very good random tokens.

3.3.2 Token handling

On successful login, a new session token has to be delivered by the application. This can either be done by invalidating the old and delivering a new one. Another approach, also applied by ASP.NET, is to deliver an additional authentication token on successful login. After that there are already several different scenarios in which session tokens can be given away.[4]

- Using HTTPS for authentication and then fall back to HTTP
- Deploy session in public sites then go to login and turn session into authenticated one

- Authenticate and go back to none secure sites that sends the cookie either

- Application may accept HTTPS and HTTP

- Application may use HTTP for static content

Session tokens in the URL should possibly be avoided. The cookies that contain session tokens should have the following properties set:

- Secure flag indicates that the cookie should only be sent via SSL/TLS

- HTTP Only flag indicates that the values can't be read by scripts

- Expiration minimizes the time slot of session hijacking

- Domain and path limit the destination paths the cookie is sent to

3.3.3 Session termination

Session termination means to make the session token unusable and delete all session related data on the server-side. If session termination is not done properly, session tokens may be valid and session data available even after logout. No one should be able to use leftovers of a session after termination.

Session termination happens when the user explicitly uses a logout link. All pages that use authentication should have logout links so a user is able to logout after the job's done. A session also has to be terminated automatically after a fixed time of user inactivity.

4 Bibliography

[1] M. Burnett, Blocking Brute Force Attacks - OWASP. Available: https://www.owasp.org/index.php/Blocking_Brute_Force_Attacks (2012, Jan. 25).

[2] D. M. Kienzle and M. C. Elder et al, *Security Patterns Repository.* Available: http://www.scrypt.net/~celer/securitypatterns/repository.pdf (2011, Oct. 06).

[3] R. Anderson, *Security engineering: A guide to building dependable distributed systems, second edition,* 2nd ed. Indianapolis, IN: Wiley, 2008.

[4] D. Stuttard, *Web application hacker's handbook: Discovering and exploiting security flaws.* Hoboken: John Wiley, 2011.

Untersuchung des Open Source Framework SecurityRunTime

Daniel Käfer, Marcus Neumaier
Fakultät Informatik
Hochschule Furtwangen
Robert-Gerwig-Platz 1
78120 Furtwangen, Germany
d.kaefer@hs-furtwangen.de, neumaier@hs-furtwangen.de

Kurzbeschreibung: Die Firma Corisecio bietet mit securityRunTime eine Proxy-Lösung an, die das Absichern von Webservices deutlich vereinfachen soll. Dieses Paper untersucht securityRunTime auf Vor- und Nachteile gegenüber Standard Webservice-Lösungen. Hierzu wird eingangs die mögliche Motivation für den Einsatz dieses Produkts beschrieben, um anschließend auf generelle Webservice Sicherheitsgrundlagen einzugehen. Nach einer Gegenüberstellung des securityRunTime-Konzepts und der generellen Webservice-Architektur werden die Produkteigenschaften vorgestellt. Abschließend wird securityRunTime bewertet, um eine Einschätzung des Produktes zu ermöglichen.

1 Motivation

Durch die gegebenen Vorteile wie Interoperabilität, die Webservices mit sich bringen, erfreut sich dieses Konzept großer Beliebtheit. Wie auch in anderen Bereichen der Informationstechnologie spielt gerade im Geschäftsumfeld die Sicherheit eine übergeordnete Rolle. Der Schutz firmenrelevanter Daten ist heutzutage ein essenzieller Bestandteil eines gut funktionierenden IT-Systems bzw. einer Software. Letztlich stellt beim Requirements-Engineering oftmals das Nichtvorhandensein ein K.O.-Kriterium dar. In diesem Zusammenhang ist die Komplexität von Qualitätskriterien, insbesondere von Sicherheitsaspekten, bei Webservices ein viel diskutiertes Problem. Bisher stellt das Absichern von Webservices kein triviales Thema dar. Es existieren zahlreiche Standards für die Webservice-Sicherheit, die zudem breite Unterstützung in verschiedenen Implementierungen von Webservice-Lösungen finden. Dennoch (oder gerade D. Käfer, M. Neumaier deswegen) ist die Konfiguration von Sicherheitsfunktionen mittels XML ein essentielles Thema der Entwicklertätigkeit. Wünschenswert wäre eine Möglichkeit diese

Aufgabe zu vereinfachen. Ein weiterer interessanter Punkt stellt sicherlich der "Separation of Concerns", d.h. die lose Kopplung und Abstraktion von Funktionalitäten, bei Software-Systemen dar. Manch ein IT-Verantwortlicher steht vor dem Problem des Absicherns von alten bestehenden Systemen, da die vorhandene Lösung nichts adäquates dafür liefert. Zusätzlich müssen sich Firmen, die seit längerer Zeit Webservices im Einsatz haben, mit der Tatsache der über die Jahre gewachsenen Heterogenität von verwendeten Produkten auseinander setzen. Auch hier stellt sich die Frage der Kompatibilität, um diese Systeme zusammen sicher kommunizieren zu lassen.

Die Firma Corisecio versucht mit ihrer Proxy-Lösung securityRunTime (secRT) diese Probleme zu adressieren und das Absichern von Webservices darüber hinaus zu vereinfachen.

2 Grundlagen

Die Organisationen OASIS und W3C haben zusammen mit großen Firmen wie Microsoft und IBM Standards für die Absicherung von Webservices entwickelt und etabliert. In Abbildung 1 sind die wichtigsten Standards und ihre Beziehung zueinander dargestellt. Diese Grafik basiert auf den Ausführungen von IBM [11]. Aufbauend auf der SOAP Nachricht und den Standards XML-Encryption sowie XML-Signatur ist WS-Security definiert. Die weiteren Standards bauen alle auf dem Standard WS-Security auf.

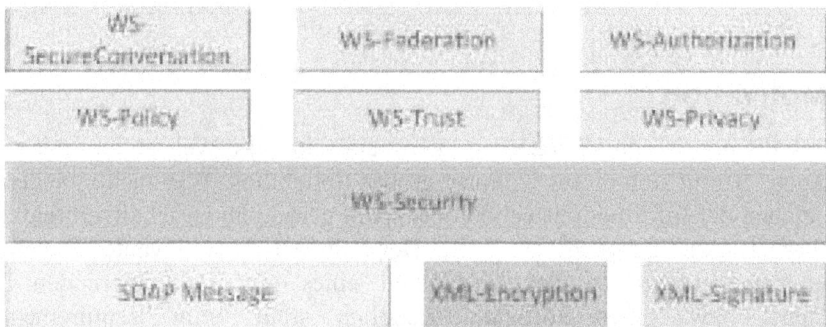

Abbildung 1: SOAP Stack

Nicht alle Standards sind notwendig, um die Sicherheit von Webservices zu garantieren. Teilweise überschneiden sich die Ziele von verschiedenen Standards. Weiterhin sind nicht alle WS-* Standards untereinander kompatibel. Aus diesem Grund müssen die verwendeten Standards sorgfältig ausgesucht und getestet werden.

3 Vergleich der Konzepte

3.1 Handler Konzept

Die Architekturen der bekannten Webservice-Lösungen, wie z.B. Apache Axis, .NET WCF und JAX-WS, haben gemein, dass der Webservice sich aus sogenannten Handlern und der eigentlichen Implementierung zusammesetzt. Die Handler sind der Webservice-Implementierung vorgeschaltet und verarbeiten die vom Webservice-Konsumenten gesendete Anfrage zunächst, um sie anschließend an die Anwendunglogik weiter zu leiten. Den Handlern kommen dabei verschiedene Aufgaben zuteil, wie z.B. die HTTP-Anfrage entgegen zu nehmen sowie den SOAP-Header auszulesen und zu verarbeiten. Sie können aber auch die Nachricht verändern oder häufig wiederkehrende Operationen, wie Logging-Aufgaben, ausführen.[10] Die Webservice-Handler sind somit auch für die Validierung und Einhaltung der Webservice-Sicherheit zuständig. Die Handler prüfen, ob die im WS-Security Policy definierten Sicherheitsvereinbarungen eingehalten werden.

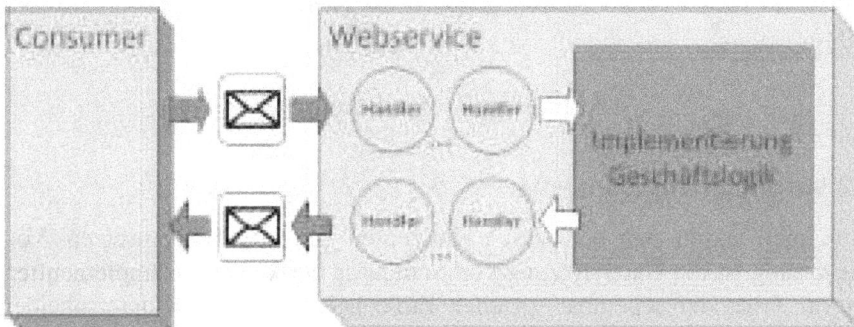

Abbildung 2. Handler Konzept

3.2 Proxy-Konzept

Die Sicherheitslösung secRT der Firma Corisecio arbeitet nach dem Proxyprinzip. Das Produkt bietet die Möglichkeit, Webservices mit Sicherheitsfunktionen auszustatten, genauer, die Kommunikation zwischen Webservice-Konsument und Anbieter mittels Sicherheitsstandards abzusichern. Dieser Proxy wird als zusätzliche Instanz vor oder hinter einem bestehenden Webservice installiert. An den Webservice gestellte Anfragen werden somit zuerst von der Proxy-Instanz entgegen genommen. Die Aufgabe des Proxys besteht darin, die SOAP-Nachricht entsprechend der definierten Sicherheitsregeln auszuwerten und zu bearbeiten. Für eingehende Nachrichten sind Aufgaben wie Entschlüsselung des SOAP-Bodys oder Verifizierung der digi-

talen Signatur möglich. Die Proxy-Instanz sendet dann die bearbeitete
SOAP-Nachricht weiter an die eigentliche Webservice-Instanz. Analog dazu
verhält es sich bei ausgehenden Nachrichten vom Webservice. Sollen diese
verschlüsselt werden, sendet der Webservice die Nachricht an den Proxy,
welcher daraufhin diese einliest und sie mittels XML-Encryption verschlüsselt. Der Proxy sendet die Nachricht letzten Endes an den Empfänger. Diese
Lösung lagert die Prüfung der Gütekriterien von der eigentlich Webservice-
Anwendung, wo die Handler-Komponente diesen Teil übernimmt, in eine
separate Anwendung aus.

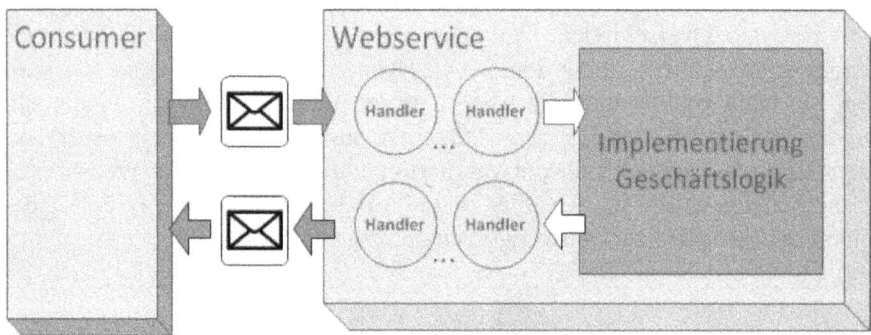

Abbildung 3: Proxy Konzept

3.3 Vergleich der Konzepte

Prinzipiell lassen sich bei beiden Konzepten Gütekriterien umsetzen. Voraussetzung ist die Unterstützung von Standards der konkreten Implementierungen. Trotz der scheinbar gleichen Ziele beider Lösungen unterscheiden
sich diese vor allem in folgenden Aspekten: Wird ein Proxy eingesetzt, welcher den eigentlichen Webservice um Funktionalität erweitern soll, so ist ein
zusätzliches System zu verwalten. Dies kann zum einen ein Vorteil sein, zum
anderen aber auch ein Nachteil. Ein zusätzliches System bedeutet in der Regel höheren Verwaltungsaufwand, höhere Ausfallwahrscheinlichkeit und
mehr Ressourcenbedarf. Auf der anderen Seite bringt die Kapselung bzw.
Aufteilung der Webservice-Funktionalität mehr Flexibilität und ein höheres
Abstraktionsniveau. Einzelne Komponenten können auf diese Art leicht aus-
getauscht werden, ohne Einfluss auf die anderen Funktionen zu haben; gerade dann, wenn das eine System nicht mehr den Ansprüchen erfüllt. Zusätzlich hebt die Separierung das ganze System auf ein höheres Abstraktionsniveau, indem z.B. Sicherheitsrichtlinien für mehrere heterogene Webservices
einheitlich definiert und umgesetzt werden können. Bedeutsam dürfte auch
die Tatsache sein, dass das Proxy-Konzept ermöglicht, bestehende Webservice-Lösungen um neue Funktionen zu erweitern, falls diese keine oder nur
schwer umsetzbare Änderungen zulassen. Ein Beispiel wären Webservice-

Eigenentwicklungen, die schon seit langer Zeit im Einsatz sind und gute Dienste leisten, aber nicht ohne Weiteres erweiterbar sind. Hier bietet die Proxy-Lösung eine sinnvolle Möglichkeit, um die Webservices nachträglich noch zu "sichern".

4 securityRunTime

Die Software securityRunTime ist von der Firma Corisecio in Zusammenarbeit mit der Bundesamt für Sicherheit in der Informationstechnik (BSI) entwickelt worden. Die Software wird mit einer Open-Source-Lizenz verbreitet, zusätzlich existiert eine kommerzielle Version. Die käufliche Version verfügt über umfangreichere Funktionen und wird später genauer beschrieben. securityRunTime wird nach dem Proxy Konzept, unabhängig vom Webservice installiert und verwendet. Somit können die Sicherheitsfunktionen nachträglich zu einem Webservice hinzugefügt werden, egal wie der Webservice implementiert ist.

secRT ist in Java implementiert und benötigt mindestens die Version 1.5 von Java. Standardmäßig wird secRT in einem Tomcat Servlet Container ausgeführt. Die Software ist mit OSGi in einzelne Module aufgeteilt. Insgesamt sind es 46 Module. Die einzelnen Module werden mit dem Build System Apache Ant gebaut.

4.1 Installation und Handhabung

Für die Verwendung von securityRunTime ist nur ein geringer Implementierungsaufwand notwendig, die Software muss lediglich installiert und eingerichtet werden. Daneben müssen vorhandene Systeme nicht angepasst werden. Es wird einzig ein neuer Server eingerichtet und die Aufrufe vom alten Webservice werden auf den Proxy umgeleitet.

4.2 Konfiguration

Beim ersten Aufruf der Weboberfläche von secRT werden mit einem Wizard die Grundeinstellungen abgefragt. Nach dem Einloggen können Benutzer und Rollen angelegt werden. Alle Einstellungen können in ein XML-Dokument exportiert bzw. aus dem XML-Dokument importiert werden. Weiterhin müssen die Zertifikate in der Weboberfläche konfiguriert werden.

Die Konfiguration von securityRunTime wird in einem Workflow angelegt. Bei jeder Anfrage an den Webservice wird der Workflow abgearbeitet.

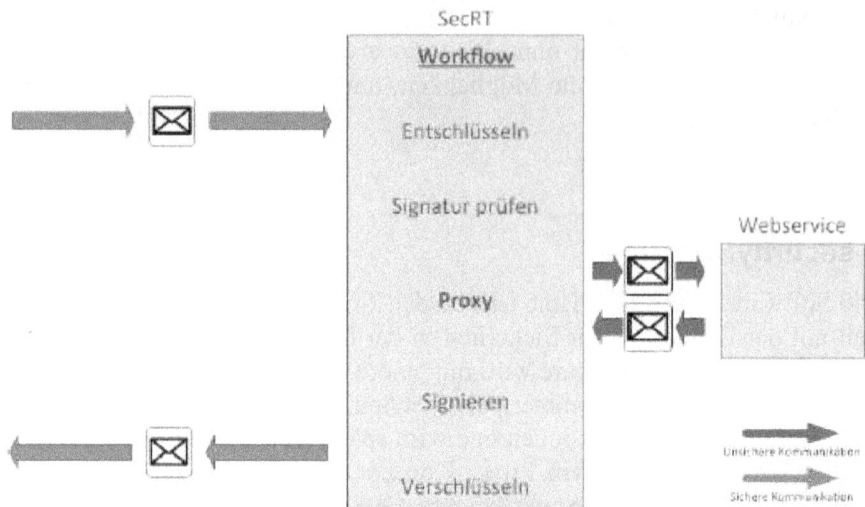

Abbildung 4. Workflow

In der Abbildung 4 ist ein Workflow grafisch vereinfacht dargestellt. In disem Beispiel wird zuerst die SOAP-Anfrage entschlüsselt und die Signatur überprüft. Wenn diese zwei Schritte erfolgreich ausgeführt wurden, wird die Anfragen ohne den Security Header an den Webservice weitergereicht. Sobald der Webservice die Antwort an securityRunTime gesendet hat, wird von secRT die Signatur hinzugefügt und die Nachricht verschlüsselt. Im letzten Schritt wird die Nachricht an den Aufrufer zurückgeschickt.

Die tatsächliche Konfiguration des Workflow ist etwas komplexer als in der schematischen Darstellung. Anstatt der fünf Schritte aus der Abbildung 4 müssen insgesamt zehn Schritte hinzugefügt und konfiguriert werden. Folgende Schritte sind als Workflow in der Weboberfläche einzurichten: SetSecRTEntity, ExtractFromRequest, DecryptXPath, SAMLCheckUserAuth (SAML2.0), VerifySOAPEnvelope, EnvelopeInRequest, Proxy, ExtractFromResponse, EncryptXPathForCertificate und EnvelopeInResponse. Die Beschreibung der einzelnen Funktionen und Parameter befindet sich in dem Reference Guide secRT [6].

4.3 Enterprise Edition

Mit der Enterprise Edition von securityRunTime werden noch mehr Funktionalitäten bereitgestellt. Das Programm managementRunTime administriert und überwacht mehrere Instanzen von securityRunTime. ManagementRunTime wird wie secRT über eine Weboberfläche bedient. Weiterhin gibt es eine mobile Edition, diese unterstützt BlackBerry und Windows Mobile Geräte. Zusätzlich werden die SOAP-Nachrichten mit einem Antivirenscanner durchsucht und eine Web Application Firewall filtert verdächtige Anfragen heraus.

4.4 Anwendungsszenario

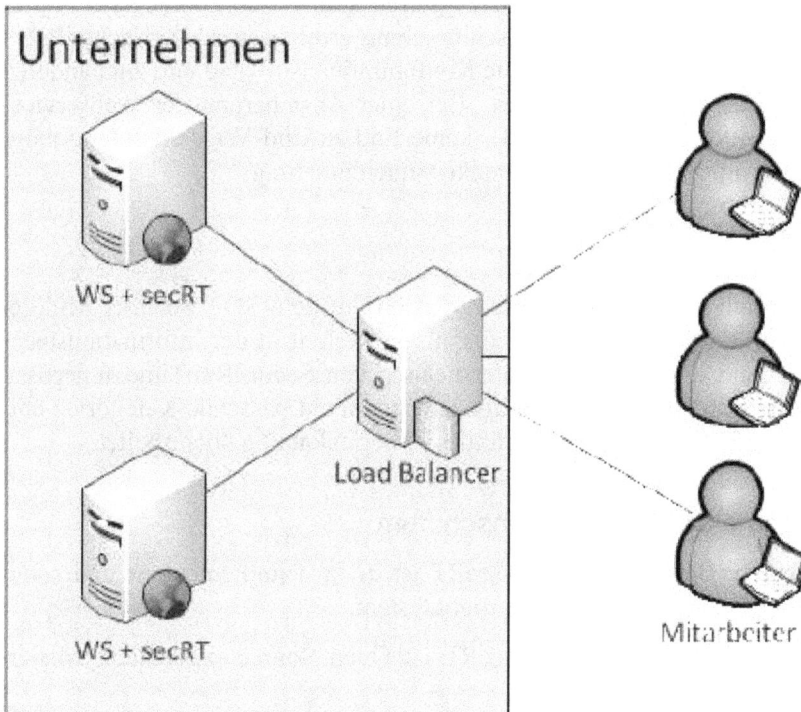

Abbildung 5. Anwendungsszenario

Möchte z.B. ein Vertriebsunternehmen seinen Außendienstmitarbeitern von außerhalb Zugriff auf Kunden- und Auftragsdaten ermöglichen, so bietet es sich an, die Datenabfrage mittels Webservices zu realisieren. Somit kann der Außendienstmitarbeiter mit dem Notebook auch außerhalb der Firma auf die Daten zugreifen. Die Firma verwaltet bereits mehrere Webservices, um den Zugriff auf die unterschiedlichen Daten bereitzustellen. Die Mitarbeiter greifen auf diese Daten mithilfe einer firmeneigenen Java-Anwendung zu. Da sehr viele Mitarbeiter zeitnah auf diese Daten zugreifen, gibt es eine Load-Balancer, der die Last auf mehrere Server verteilt. Die einzelnen Webservices werden jeweils mit einer eigenen secRT-Instanz abgesichert.

Damit die externen Clients sicher mit den Webservices kommunizieren können, wird mit einer Java-Bibliothek ein Webservice-Client umgesetzt, welcher die SOAP-Nachrichten inkl. WS-Security verarbeiten kann. Dieser Client ist in die firmeneigene Anwendung integriert. Für Smartphones respektive Tablet- PCs ist diese Vorgehensweise nicht geeignet, da keine explizite Unterstützung vorhanden ist. secRT bietet hierfür in der Enterprise-Version Unterstützung für Blackberry und Windows Mobile an.

Sollen die Mitarbeiter neben ihrem Notebook zusätzlich über ein Smartphone auf die Webservices gesichert zugreifen können, so könnte dies mittels eines VPNs oder einer SSL-Verschlüsselung erreicht werden. Nachteile bei VPN wären zum einen der erhöhte Konfigurationsaufwand und zum anderen die zusätzlich benötigte Software. Bei einer Absicherung der Webservice-Kommunikation über SSL ist z.B. keine End-zu-End-Verschlüsselung möglich, sondern nur eine Punkt-zu-Punkt-Verschlüsselung.

5 Kriterienkatalog

Der Kriterienkatalog zur Bewertung basiert auf dem SOA Security Middleware Screening [3] vom Bundesamt für Sicherheit in der Informationstechnik (BSI) und wurde für die Untersuchung von SecuritRunTime angepasst. Es wurden Kategorien zusammengefasst und nicht passende Kategorien entfernt. Weiterhin wurde die Struktur des Kriterienkatalog überarbeitet.

5.1 Allgemeine Produkteigenschaften

Unterstützte Betriebssysteme: secRT ist in Java implementiert und somit unabhängig vom verwendeten Betriebssystem.

Lizenzmodell: Der Kern von secRT ist Open Source, zusätzlich existiert eine kommerzielle Version.

Support: Unterstützung wird direkt vom Hersteller angeboten. In dieser Untersuchung wurde die Qualität des Supports nicht beurteilt.

Dokumentation: Der Hersteller Corisecio hat mehrere Dokumente über secRT veröffentlicht. Darunter ist eine Benutzerhandbuch [9], eine Referenzliste [6] mit den Funktionen für den Workflow und ein Tutorial [8] mit einem kleinen Beispiel. Dieses Beispiel kann fertig konfiguriert heruntergeladen werden. In der Literatur, d.h. in Büchern oder Fachzeitschriften, wird SecurityRunTime nicht weiter beschrieben oder erwähnt.

Community: Es gibt keine Community von securityRunTime, um sich über Best Practices o.ä. auszutauschen. Im Jahr 2010 wurde secRT als Eclipse-Projekt vorgeschlagen, bis jetzt hat es den Status "gathering community" und wird von Eclipse als abgelaufener Vorschlag beschrieben.

Benutzerfreundlichkeit: Es existiert ein Webinterface mit einem Textfeld zur Konfiguration, aber darin sind keine Hilfstexte, Tool-Tipps o.ä. zur Unterstützung bei der Einrichtung. Weiterhin gibt es keine automatische Überprüfung der Konfiguration. Es kann passieren, dass die Konfiguration keine Nach richten verarbeiten kann oder dass vergessen wurde Sicherheitsfunktionen zu konfigurieren. Die Fehlermeldungen der Weboberfläche sind nicht immer aussagekräftig, wenn überhaupt vorhanden. Die Konfiguration wird nicht automatisch überprüft. Man muss den Webservice aufrufen und danach das Logfile vom Tomcat nach Fehlermeldungen durchsuchen.

Zukunftsaussichten: Durch eine fehlende Community lässt vermuten, dass securityRunTime keine große Verbreitung hat. Somit hängt die komplette Zukunft von securityRunTime vom Hersteller Corisecio ab. Weil es keine Roadmap gibt, lässt sich die weitere Entwicklung nur schwer abschätzen.

5.2 Architektur

Administrations-und Konfigurationsmöglichkeiten (Aufwand): Die komplette Administration und Konfiguration wird mit einem Webinterface durchgeführt. Eine Kommandozeilen-Version gibt es nicht und auf die Konfigurationsdateien kann nicht direkt zugegriffen werden, somit ist eine Automatisierung nicht einfach umzusetzen. In der kommerziellen Version bietet es mit managementRunTime eine zentrale Konfiguration aller securityRunTime-Instanzen.

Interoperabilität: Durch die Unterstützung von OASIS und W3C-Standards ist die Interoperabilität sehr hoch. Proprietäre Webservice-Standards, z.B. von Microsoft, werden nicht unterstützt. Es werden aber einige offene Standards nicht unterstützt, die einzelnen Standards werden weiter unten genauer beschrieben. Durch die Veröffentlichung vom Quelltext ist das System transparent.

Ausfallsicherheit: Es gibt keine Mechanismen oder ein Konzept von securityRunTime, um ein hohes Maß an Ausfallsicherheit zu erreichen. Da die Software in einem Standard Servelt Container läuft, können die Mechanismen diesem Systems verwendet werden. Monitoring-Möglichkeiten: In der kommerziellen Version ist es mit managementRunTime möglich, mehrere Instanzen von securityRunTime zu überwachen und zu administrieren. In der Open-Source-Version gibt es keine derartige Monitor-Möglichkeit. Integration in bestehende Systeme: Vorhandene Webservices und Systeme müssen nicht für den Einsatz von secRT angepasst werden. securityRunTime kann auf einem eigenen Server davor geschaltet werden. Somit kann es problemlos in Altsysteme integriert werden.

5.3 Sicherheitsmechanismen und Standards

In der nachfolgende Tabelle werden die unterstützten Sicherheitsstandards aufgezählt. Daraus ist ersichtlich, dass ausschließlich die grundlegenden Standards unterstützt werden.

Standard	Unterstützt von secRT
XML-Encryption	Ja
XML-Signature	Ja
SAML	Ja
XACML	Nein
SPML	Nein
XKMS	Ja
SOAP über SSL	Ja
WS-Security	Ja
WS-SecurityPolicy	Nein
WS-Security Tokens	Nein
WS-Policy	Nein
WS-Addressing	Nein
WS-ReliableMessaging	Nein
WS-Policy-Security	Nein
WS-Trust	Nein
WS-Privacy (draft)	Nein
WS-Authorization (draft)	Nein
WS-SecureConversation	Nein

Die in der Tabelle genannten nicht unterstützten Standards sind nicht notwendig, um die oben genannten Schutzziele zu erreichen. Wenn über die Schutzziele darüber hinaus weitere Mechanismen benötigt werden, wie z.B. Zusicherung von sicherheitsrelevanten Aspekten mittels WS-SecurityPolicy, kann dies nicht mit secRT erreicht werden. Einige dieser nicht unterstützen Standards, wie WS-Privacy und WS-Authorization, befinden sich momentan noch im "draft"-Status, d.h. diese Standards sind noch nicht endgültig verabschiedet.

5.4 Umsetzung Schutzziele

Die drei elementaren Schutzziele von IT-Systemen sind Integrität, Vertraulichkeit und Verfügbarkeit. [1]Um die Sicherheit eines Systems zu gewährleisten sollten diese Punkte umgesetzt werden.

Bei secRT wird die Integrität durch WS-Security und XML Signature gewährleistet und die Vertraulichkeit wird mit WS-Security in Verbindung mit XML Encryption sichergestellt.

Die Verfügbarkeit wird durch secRT nicht verbessert, sondern im Gegenteil verschlechtert. Da ein weiteres System genutzt wird, kann auch ein weiteres ausfallen.

6 Fazit

securityRunTime hinterlässt einen ambivalenten Eindruck. Eine grafische Konfiguration ist über das Webinterface zwar möglich, aber es sind nicht alle Möglichkeiten ausgeschöpft, die Bedienung zu vereinfachen. So werden z.B. keine Gültigkeitschecks bei Eingabefeldern durchgeführt und somit Tippfehler ohne Hinweis gespeichert. Des Weiteren gibt es keinen Schutz vor Fehlkonfigurationen. Im Falle vergessener wichtiger Schritte wird kein Hinweis angezeigt. Wird z.B. im Workflow der Schritt "Signatur prüfen" vergessen, erfolgt kein entsprechender Hinweis an den Nutzer. Im laufenden Betrieb fällt dieser Fehler nicht auf. Der Benutzer muss sich also genauestens mit der Funktionsweise von Webservice-Sicherheit auskennen.

Im Kriterienkatalog sind die unterstützten Standards beschrieben. Daraus ist ersichtlich, dass die grundlegenden Standards unterstützt werden, aber bei weitem nicht alle Standards. secRT basiert auf OSGI und kann deshalb - zumindest theoretisch - erweitert werden. Da die einzelnen Module nicht dokumentiert sind, ist es sehr aufwendig, einen weiterern WS-* Standard zu dem Produkt hinzuzufügen.

Ein weiterer Nachteil von securityRunTime ist die fehlende Community. Deshalb stellt sich unausweichlich die Frage nach der Zukunftssicherheit dieses Produkts. Die letzte Aktualisierung ist von Dezember 2011, was noch auf ein aktives Projekt hinweist, aber keine Garantie für die Zukunft gibt, zumal es keine Roadmap seitens des Herstellers gibt.

6.1 Empfehlung

Für neu entwickelte Webservices sollte die Sicherheit schon von Beginn anbetrachtet und direkt mit den Security-Handlern des Webservice Framework konfiguriert werden. Dazu gibt es im Umfeld von Java und .NET ausgereifte Implementierungen. Diese sind dokumentiert und haben eine große Community.

Bei alten Webservices, die nicht nachträglich für die Sicherheit konfiguriert werden können oder das System nicht angepasst werden kann, ist securityRunTime eine interessante Lösung. Da es keine vergleichbare Alternative als fertige Software gibt, müsste ansonsten selbst eine Proxy-Lösung implementiert werden. Dieser Weg ist aufwendiger und fehleranfälliger. In solch einem Falle ist der Einsatz von secRT, trotz der oben genannten Mängel, empfehlenswert.

Literatur

[1] BSI. IT-Grundschutz, 2008. www.bsi.bund.de/DE/Themen/weitereThemen/

WebkursITGrundschutz/Schutzbedarfsfeststellung/Schutzbedarfskategorien

/Schutzziele/schutzziele node.html Letzter Abruf: 06.02.2012.

[2] BSI. SOA-Security-Kompendium, 2009.

[3] BSI. SOA Security Middleware Screening, 2011.

[4] CORISECIO. Factsheet secRT, 2011.

[5] CORISECIO. Factsheet secRT Enterprise, 2011.

[6] CORISECIO. Reference Guide secRT, 2011.

[7] CORISECIO. Reference Guide SOA Security, 2011.

[8] CORISECIO. Tutorial secRT Demonstrator, 2011.

[9] CORISECIO. User Guide secRT, 2011.

[10] R. Ebert and G. Morling. Webservices mit Maven und JAX-WS. Java Magazin, 03, 2009.

[11] IBM. Web Services Security specification - a chronology. 2011.

[12] H. Junker. SOA Security Framework. BSI.

[13] H. Junker. Sicherheit & SOA in der Bundesverwaltung. DuD Datenschutz und

Datensicherheit, 9, 2010.

DNS-Sicherheit: Bedrohungen, Mechanismen und aktuelle Entwicklung

Alexander Paßfall, Thomas Rübsamen
Fakultät Informatik
Hochschule Furtwangen
Robert-Gerwig-Platz 1
78120 Furtwangen, Germany
{alexander.passfall, thomas.ruebsamen}@hs-furtwangen.de

Kurzbeschreibung: Das „DomainNameSystem" (DNS) stellt im heutigen Internet das Rückgrat der meisten Applikationen dar. Ursprünglich für die Namensauflösung gedacht, lassen sich darüber hinaus weitere Anwendungsszenarien mithilfe dieser weltweit verteilten Datenbank umsetzen. In letzter Zeit hat DNS jedoch mit massiven Vertrauenswürdigkeitsproblemen zu kämpfen, die es in seiner ursprünglichen Form für viele Anwendungen unbrauchbar macht. In dieser Arbeit werden Angriffe auf das klassische DNS beschrieben, sowie Ansätze, die das Vertrauenswürdigkeitsproblem von DNS zu lösen versuchen. Insbesondere untersuchen die Autoren DNSSEC, DNSCurve und TSIG. Dabei nehmen die Autoren eine qualitative Bewertung vor und schaffen so eine Übersicht über den Zustand des 30 Jahre alten DNS in der heutigen Zeit.

1 Einleitung

In der vorliegenden Arbeit zeigen die Autoren die Schwächen des DNS Protokolls und der Architektur dieses Systems auf und beschreiben mögliche Angriffsszenarien die daraus entstehen können. Besonderer Wert wird bei den Betrachtungen auf die Darstellung struktureller Probleme sowie Designschwachstellen gelegt.

Im ersten Teil werden die für die vorliegende Arbeit notwendigen Grundlagen des DNS erläutert. Dabei wird besonderer Wert auf bestimmte Protokolleigenschaften sowie den grundsätzlichen Ablauf eines Auflösungsprozesses im klassischen DNS gelegt.

Nachfolgend werden Angriffsszenarien und deren Funktionsweise erläutert, sowie mögliche Auswirkungen und Mechanismen im klassischen DNS, mit

denen sich die Folgen solcher Angriffe abmildern lassen, beschrieben. Zu
jedem Angriff erfolgt eine Bewertung der Schwere der daraus entstehenden
Probleme, sowie eine Bewertung der möglichen Gegenmaßnahmen.

In Abschnitt 4 werden zusätzliche Maßnahmen aufgezeigt, die erst in den
letzten Jahren an praktischer Relevanz gewonnen haben. Dabei werden die
Effektivität und die Effizienz dieser Maßnahmen bzgl. ihrer Wirksamkeit
bewertet.

2 Grundlagen

Das Domain Name System ist eines der besten Beispiele für eine weltweit
verteilte, hierarchisch aufgebaute und föderativ organisierte Datenbank.
Entwickelt wurde dieses System bereits Anfang der 1980er Jahre. Es sollte
hauptsächlich das Problem der Übersetzung von leicht verständlichen Namen auf IP-Adressen lösen. Jedoch wurde das System so generisch angelegt,
dass DNS durchaus auch für andere Zwecke als die Namensauflösung verwendet werden kann. Die erste Spezifikation von DNS wurde 1983 standardisiert [15]. Diese wurde jedoch etwas später von RFC 1034 [16], der als
Grundlage dieser Arbeit dient, abgelöst.

Dieser Abschnitt stellt die Grundlagen des DNS in kompakter Form dar und
beschränkt sich dabei auch die für die folgenden Betrachtungen notwendigen
Abläufe, Komponenten und Strukturen.

2.1 Eigenschaften

Von Beginn an wurde DNS als eine verteilte Datenbank konzipiert. Die darin
gespeicherten Daten sind auf Millionen Systemen [20] weltweit verteilt. Dadurch ergibt sich automatisch eine hohe Ausfallsicherheit, da der Verlust weniger Systeme auf die Funktionstüchtigkeit des Gesamtsystems keine Auswirkungen hat.

Das DNS ist baumartig aufgebaut und besitzt mehrere Hierarchiestufen. Auf
der obersten Stufe befindet sich die „Root-Zone". Nameserver dieser Zone
können Anfragen an die sich darunter befindenden Nameserver der „Top-
Level-Domains" (TLD) delegieren. TLD Domain Server verwalten Zonen
wie z.B. „.de" oder „.com". Dabei speichern diese zuständige Nameserver
für Subzonen wie z.B."beispiel.com". Nameserver einer bestimmten Zone
können dabei Anfragen immer nur an Nameserver eine Stufe unter ihnen
weitergeben, falls eine Anfrage nicht direkt beantwortet werden kann. Dieses
Verfahren nennt man Delegation. (Vgl. [16, S. 6ff])

Des Weiteren ist DNS föderativ organisiert. Das bedeutet, dass es mit der ICANN zwar eine Organisation gibt, die DNS verwaltet, aber Zonenbetreiber meist andere Organisationen sind, die lose zusammen arbeiten. Im Fall der "de"-Domain ist die DENIC eG für deren Verwaltung zuständig.

2.2 Komponenten

Die aus Anwendersicht wichtigste Komponente des DNS ist der sogenannte Resolver. An ihn werden Anfragen zur Namensauflösung gesendet. Der Resolver übernimmt dann anstelle des Clients die Abarbeitung des Auflösungsprozesses. Einen solchen Resolver bezeichnet man auch als „rekursiven Resolver". Typischerweise sollte ein Resolver nur für eine bestimmte Gruppe von Clients verfügbar sein (z.B. ein Firmennetzwerk). Ist dies nicht der Fall so spricht man von einem „offenen Resolver". Offene Resolver können oftmals für Angriffe auf DNS verwendet werden.

Aus technischer Sicht ist die Datenbank die wichtigste Komponente im DNS. Datensätze, die im DNS gespeichert sind bezeichnet man als „Resource Records" (RR). Dabei gibt es verschiedene Typen von Resource Records (vgl. [16, S. 11]):

- **A bzw. AAAA**
  Records von diesem Typ speichern eine Zuordnung von vollqualifizierten Hostnamen (FQDN) und die dazugehörigen IP-Adresse. A-Records werden hierbei für IPv4 und AAAA-Records für IPv6 verwendet.
- **PTR**
  Der PTR-Record ist die Umkehrung des A/AAAA Records und löst IPv4/v6-Adressen zu Hostnamen auf.
- **NS**
  In NS-Records werden die für Subzonen zuständigen (autoritativen) Nameserver gespeichert.
- **MX**
  Damit ein Mail Transfer Agent (MTA) E-Mails zustellen kann, muss dieser wissen welcher Server für die Domain des Adressaten zuständig ist. Diese Information bezieht der MTA aus dem MX-Record im DNS.
- **CNAME**
  CNAMEs („Canonical Name") dienen als Alias von einem Hostnamen auf einen anderen.
- **TXT**
  Im TXT-Record können beliebige Textdaten gespeichert werden.

Darüber hinaus existieren weitere Record-Typen. Diese sollen an dieser Stelle jedoch nicht weiter behandelt werden, da diese für die in dieser Arbeit vorgestellten Angriffe und DNS Erweiterungen von nur geringer bis gar keiner Bedeutung sind.

2.3 Protokolleigenschaften

Als Standardtransportprotokoll für die Namensauflösung kommt im klassischen DNS grundsätzlich UDP zum Einsatz. Dabei beschränkt sich die maximale Paketgröße auf 512 Byte. DNS bietet auch ein Fallbackverfahren an, das es erlaubt bei der Namensauflösung TCP zu verwenden, wenn die Antwort auf eine Anfrage die maximalen 512 Byte im UDP-Modus überschreiten würde.

Eine Erweiterung für DNS, EDNS [22], erlaubt Nachrichten mit mehr als 512 Byte im UDP-Modus zu übertragen. Diese Erweiterung erlaubt unter anderem Erweiterungen des DNS, die ein deutlich höheres Datenvolumen aufweisen als die klassischen DNS Namensauflösungen. Beispiele hierfür sind DNSSEC oder die Verwendung von großen TXT-Feldern für die Verwaltung von Daten, die über Name-IP-Mappings hinausgehen.

Es existieren zwei Pakettypen, die im Auflösungsprozess im DNS übertragen werden. Auf eine detaillierte Beschreibung dieser Pakete wird an dieser Stelle absichtlich verzichtet. Genauere Informationen zu den Paketformaten können aus [17] entnommen werden.

Die Grundstruktur eines DNS-Antwortpakets, das die Antwort eines autoritativen Nameservers enthält ist in Tabelle 1 dargestellt. Es enthält zum einen die im Anfragepaket gestellte Frage an DNS und im Answer-Teil die Antwort des Nameservers.

Tabelle 1. Vereinfachtes Antwortpaket auf eine DNS-Anfrage

Question	A-Record für www.beispiel.de?
Answer	A-Record www.beispiel.de = 1.2.3.4

Kann eine Anfrage von einem Nameserver nicht direkt beantwortet werden, aber der Nameserver enthält Informationen darüber, wer dies könnte, kommt Delegation zum Einsatz. Ein vereinfachtes Antwortpaket für diesen Fall ist in Tabelle 2 abgebildet. Hier enthält der Answer-Teil keine Daten. Der Nameserver teilt jedoch mit, dass der Nameserver im Authority-Teil eventuell die Anfrage beantworten könnte. Zusätzlich wird das A-Record (die IP-Adresse) dieses anderen Nameservers mitgeteilt.

Tabelle 2. Vereinfachtes Antwortpaket auf eine DNS-Anfrage, Delegation anstelle direkter Beantwortung

Question	A-Record für www.beispiel.de?
Answer	-
Authority	Verweis auf ns.beispiel.de
Additional	A-Record ns.beispiel.de = 2.3.4.5

2.4 Auflösungsprozess

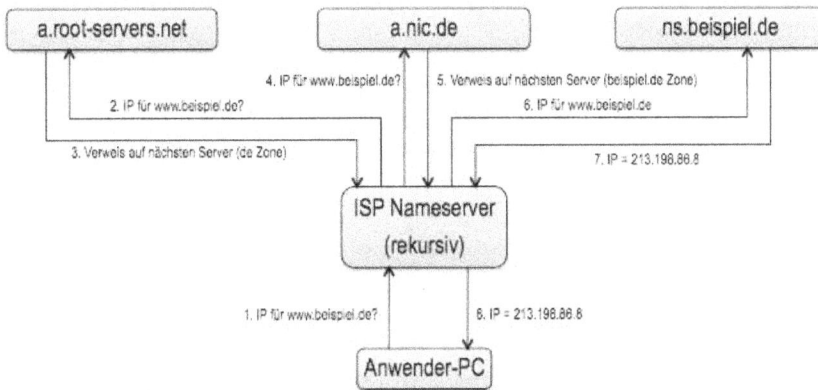

Abbildung 1. DNS: Namensauflösungsprozess für den Hostnamen www.beispiel.de

Der typische Auflösungsprozess im DNS läuft meist über einen rekursiven Resolver. Dieser befindet sich in der Regel beim Internet Service Provider (ISP) des Clients und übernimmt den gesamten Prozess für den Client.

Abbildung 1 veranschaulicht diesen Prozess. Dabei stellt der Client eine Anfrage wie „Was ist die IP-Adresse von www.beispiel.de" an den rekursiven Resolver seines ISP. Dieser übernimmt nun und leitet die Anfrage an einen der Root-Server weiter. Der Root Server kann diese Anfrage nicht direkt beantworten, da dieser lediglich Informationen darüber besitzt, welche Nameserver die TLDs verwalten. Er leitet den Resolver also an den Nameserver der de-Zone weiter. Auch dieser Nameserver kann die Anfrage nicht direkt beantworten und leitet somit den Resolver an den Nameserver der Domain „beispiel.de" weiter. Nun kann dieser die Auflösung des Namens auf eine IP-Adresse durchführen und sendet dem Resolver die entsprechende Antwort mit der IP-Adresse.

Dieser Ablauf ist exemplarisch für die Funktionsweise von DNS und dient in den folgenden Abschnitten als Grundlage für weitere Betrachtungen bezüglich der Sicherheit dieses Prozesses.

2.5 Caching

Der vorstehend beschriebene Auflösungsprozess wird extrem häufig ausgeführt. Es kann z. B. das Laden einer Webseite im Browser gleich mehrfach diesen Prozess anstoßen. Das liegt daran, dass Inhalte auf Webseiten in der Regel auf vielen Web-Servern, zum Teil auch auf verschiedenen Domains, verteilt liegen. Müsste der Auflösungsprozess nun jedes Mal vollständig durchlaufen werden, würde DNS schnell an die Grenzen seiner Leistungsfähigkeit stoßen. Eine gute Skalierbarkeit aus Performancesicht wäre nicht mehr gewährleistet.

Zur Lösung dieses Problems wird im DNS massiv Caching von Records angewendet. Der in Abbildung 1 gezeigte Resolver wird also Ergebnisse der Anfragen, die er durchführt zwischenspeichern, um folgende Anfragen auf die gleiche Domain direkt beantworten zu können ohne den gesamten Prozess erneut durchlaufen zu müssen.

2.6 „Sicherheitsmechanismen"

Ein DNS-Paket enthält zwei Felder, die oftmals fälschlicherweise als Sicherheitsmechanismen verstanden werden. Dies sind die Transaktions-ID (TX-ID) und das Time-to-Live-Feld (TTL).

Da DNS meist das verbindungslose UDP einsetzt, müssen Anfragen und Antworten, welche beim Resolver eingehen, einander zugeordnet werden. Dies wird über die TXID gewährleistet, welche als 16 Bit-Wert ausgelegt ist. Gehen mehrere Antworten mit der gleichen TXID ein, so wird die erste akzeptiert und die restlichen verworfen.

Die TTL legt hingegen fest, wie lange ein RR gecachet werden soll. Dazu ist das Feld als 32 Bit signed Integer festgelegt, bei dem jedoch keine negativen Werte zugelassen sind. Der Wert entspricht dabei der Zeit in Sekunden, was damit Werte von 0 Sekunden (der RR soll nicht gecachet werden) bis ca. 68 Jahren (2^{31}– 1 Sekunden) erlaubt. (Vgl. [17, S. 25])

Der vermeintliche Sicherheitszuwachs ist hierbei, dass ein Mal gecachete RRs für die Zeit der TTL nicht wieder nachgefragt und somit im Cache nicht einfach überschrieben werden können. Umgekehrt werden falsche Werte ebenfalls solange vorgehalten, wie es in der vom Angreifer definierten TTL festgelegt ist, was den angeblichen Sicherheitszuwachs wieder neutralisiert. (Vgl. [16, S. 11])

3 Bedrohungen und Angriffsvektoren

Der folgende Abschnitt behandelt die Schwächen und mögliche Angriffszie-le, die DNS in seiner ursprünglichen und heute noch weit verbreiteten Form bietet. Die Angriffe können dabei in vier Kategorien unterteilt werden:

1. Man-in-the-Middle-Angriffe

2. Angriffe auf Implementierungsschwachstellen

3. Cache Poisoning

4. Distributed Denial of Service mit DNS

Bei den meisten Schwachstellen spielt die Tatsache, dass im DNS vorhande-ne Daten nicht abgesichert werden eine entscheidende Rolle. „Nicht abgesi-cherte Daten" bezieht sich hierbei darauf, dass das urspüngliche DNS weder die Authentizität noch die Integrität der darin gespeicherten Daten gewähr-leisten kann.

Die Gründe dafür sind einfach. Beim Entwurf von DNS vor ca. 30 Jahren waren die Hauptziele ein hochverfügbares, hochskalierendes und performantes System zu entwickeln. Die Sicherheit der implementierten Me-chanismen spielte dabei nur ein untergeordnete Rolle. Erst gegen Ende der 90er Jahre rückte Sicherheit mehr in den Fokus der Softwareentwicklung. Zu dieser Zeit hatte sich DNS jedoch bereits als ein festes und unverzichtbares Kernprotokoll des modernen Internets etabliert. Ein Austausch von DNS ist undenkbar. Erweiterungen am DNS müssen jederzeit abwärtskompatibel zum urspünglichen Protokoll sein. Die gängigsten und größten Bedrohungen werden im Folgenden beschrieben und deren mögliche Auswirkungen be-wertet.

3.1 Man-in-the-Middle-Angriffe

Bei dieser Art Angriff wird der Netzwerkverkehr auf einer beliebigen Stre-cke abgefangen und verändert. So können zum Beispiel alle Antworten des Resolvers an den Client dahingehend verändert werden, dass dieser für alle Anfragen gefälschte Ergebnisse erhält und z.B. auf eine fremde Webseite geleitet wird. Eine Gegenwehr gegen MitM-Angriffe kann durch Signieren der übertragenen Daten gewährleistet werden, wie es, wie später gezeigt, DNSSEC teilweise tut.

Da diese Form des Angriffs keine direkten Schwächen im DNS-Protokoll ausnutzt, sondern durch vielfältige, andere Angriffsmethoden auf Netzwerk-ebene realisiert werden kann, soll sie an dieser Stelle nicht näher beschrieben werden.

3.2 Implementierungsschwachstellen

Eine Manipulation der verschiedenen Nameserver lässt sich durch Ausnutzen von Schwachstellen in den Implementierungen bewerkstelligen. Dies kann z.B. dazu genutzt werden, dass Resolver falsche Antworten liefern.

Diese Form des Angriffs lässt sich nur durch zeitnahes Aufspielen der verfügbaren Sicherheitspatches oder Verwenden einer sicheren Implementierung verhindern. Besonders die Implementierung des Internet Systems Consortium „BIND" zeichnete sich in der Vergangenheit als Negativbeispiel mit vielen Sicherheitslücken aus (vgl. [10]).

3.3 Cache Poisoning

Das DNS Cache Poisoning zielt auf die Manipulation der zwischengespeicherten Daten in DNS Resolvern ab. Wie bereits vorstehend erwähnt werden im DNS häufig Caching-Mechanismen zur Performancesteigerung und zur Entlastung der Root-Server eingesetzt. Mit diesen beiden Vorteilen gehen jedoch gravierende Schwachstellen einher, die im ursprünglichen DNS Design weder erkannt noch berücksichtigt wurden. Ziel bei diesen Attacken ist es, einen Resolver mit falschen Daten zu versorgen, so dass dieser die Daten in seinen Zwischenspeicher aufnimmt und anschließend die Anfragen seiner Client mit diesen falschen Daten beantwortet.

Es existieren eine Reihe unterschiedlicher Cache Poisoning Angriffe auf DNS, die im Folgenden näher erläutert werden sollen.

3.3.1 Traditionelles Cache Poisoning

Der allgemeine Ablauf des Cache Poisoning ist in Abbildung 2 dargestellt. Dabei ist das generelle Ziel, beim Ablauf einer Namensauflösung vor dem eigentlichen Nameserver (ns.beispiel.de) eine passende Antwort mit falschen Daten an den ausführenden Resolver zu schicken. Dabei ist es für den Angreifer notwendig, den genauen Start eines solchen Ablaufs zu kennen. Um dies zu erreichen, ist es aus Sicht des Angreifers am einfachsten, wenn er selbst die Anfrage an den Resolver schickt.

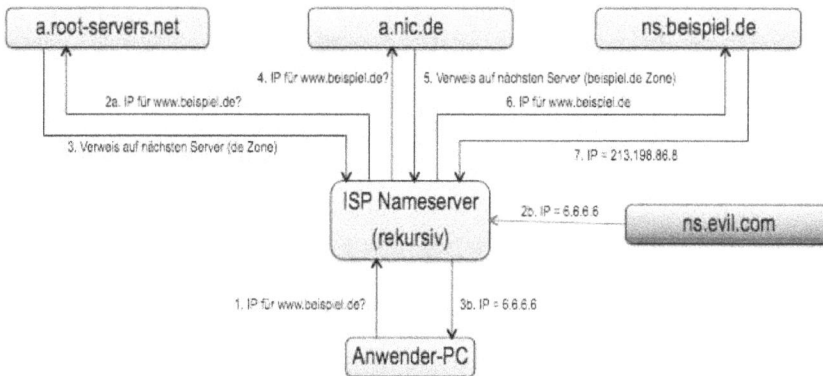

Abbildung 2. Cache Poisoning: Allgemein

Auch wenn der Resolver gegen direkte Zugriffe von außen geschützt ist (z.B. durch eine Firewall), so gibt es oft zahlreiche andere Möglichkeiten, diesen zu einer Namensauflösung zu bewegen. Ein Mail-Server prüft beispielsweise bei jeder eingehenden Verbindung die angegebenen Domain-Namen auf Korrektheit um so Spam zu erkennen. Etwas ähnliches passiert auch bei der Verbindung zu einem SSH-Server, der somit versucht, Angriffsversuche zu erkennen (vgl. [24]).

Weiterhin muss die Antwort des Angreifers die richtige TXID enthalten, da sie sonst nicht angenommen wird. Um dies zu erreichen existieren mehrere Möglichkeiten:

- **TXID Guessing**
  Bei dieser Methode wurde früher ausgenutzt, dass die TXID einfach für jede Transaktion um eins erhöht wurde. Durch eine Anfrage bezüglich einer eigenen Domain, welche an den eigenen Nameserver ging, konnte ein Angreifer die aktuelle TXID erhalten. Bei einem darauf folgenden Cache Poisoning reichte es aus, die nächsten paar TXIDs zu verwenden, da mit sehr hoher Wahrscheinlichkeit eine von diesen die richtige war. Diese Methode wurde durch Einführen von zufälligen TXIDs verhindert.

- **TXID Prediction**
  Die TXID Prediction macht sich schwache Zufallszahlengeneratoren zu Nutze, wodurch sich aus zwei aufeinanderfolgenden Transaktionsnummern die nächste errechnen lässt. Dieses Verfahren spielt in der Praxis jedoch keine Rolle, da der Angreifer mit den ersten beiden Transaktionsnummern schon genug Informationen hat, um das Cache Poisoning erfolgreich durchzuführen.

- **Brute-Force**
  Dies ist die simpelste Methode, eine zufällige TXID zu treffen. Eine minimalen Antwort mit Frage- und Antwortsektion ist ca. 100 Byte

groß. Um nun eine Wahrscheinlichkeit eines erfolgreichen Angriffs von 50% zu erreichen, müssen die Hälfte aller möglichen TXIDs ausprobiert werden, was somit einer Datenmenge von

$$100\,Byte * \frac{2^{16}}{2} = 3276800\,Byte = 3200\,kB$$

entspricht. Mit einer schnellen Anbindung lässt sich diese Datenmenge in ausreichend kurzer Zeit senden (z.B. bei 100MBit/s: 0.25 Sekunden).

Die Zeit, die ein Angreifer hat, lässt sich weiterhin durch einen direkten Angriff auf den/die richtigen Nameserver erhöhen, sodass diese ihre Antworten stark verzögert oder gar nicht senden. Die lässt sich z.B. mittels einer DNS Amplification Attack (siehe Abschnitt 3.4) oder eines anderen DDoS bewerkstelligen.

3.3.2 Birthday Attack

Diese Methode wird eingesetzt, um die Wahrscheinlichkeit eines erfolgreichen Cache Poisonings zu erhöhen. Dazu sendet der Angreifer sehr viele Anfragen an den Resolver. Alle Anfragen beziehen sich dabei auf den gleichen Domainnamen. Zusätzlich werden, wie beim traditionellen Cache-Poisoning, eine Vielzahl falscher Antworten mit unterschiedlichen Transaktions-IDs verschickt. Durch die große Anzahl an laufenden Anfragen und da es egal ist, welche Anfrage beantwortet wird, ist es wahrscheinlicher, dass eine gefälschte Antwort eine richtige TXID enthält und so das Rennen gegen den regulären Nameserver gewonnen werden kann.

Der Name dieses Angriffsverfahrens stammt vom Geburtstagsparadoxon, bei dem die Wahrscheinlichkeit, dass zwei Personen im gleichen Raum am gleichen Tag Geburtstag haben, um ein vielfaches höher liegt, als man dies vermutet. Die möglichen Tage im Jahr entsprechen hierbei den möglichen TXID-Werten.

3.3.3 Bailiwick Angriff

Etwas fortgeschittener ist der Bailiwick-Angriff, siehe Abbildung 3. Bei diesem provoziertder Angreifer ein Systemdazu, eine Anfrage aufeinen Hostnamen zu schicken, der sich in der Zone des Angreifers befindet (z.B. www.evil.com). Der vom Angreifer kontrollierte DNS Nameserver dieser Zone antwortet nun mit dem A-Record für den angefragten Hostnamen. Zusätzlich enthält die Antwort aber noch ein oder mehrere Additional-Felder. In diesen stehen vom Angreifer kontrollierte IP-Adressen für Hosts in völlig anderen Domains (z.B. für beispiel.de). Der Resolver des Opfers speichert nun das Ergebnis der Anfrage, inklusive der gefälschten Additional-Informationen, zwischen. Weitere Anfragen auf z.B. www.beispiel.de landen nun auf den vom Angreifer kontrollierten Hosts.

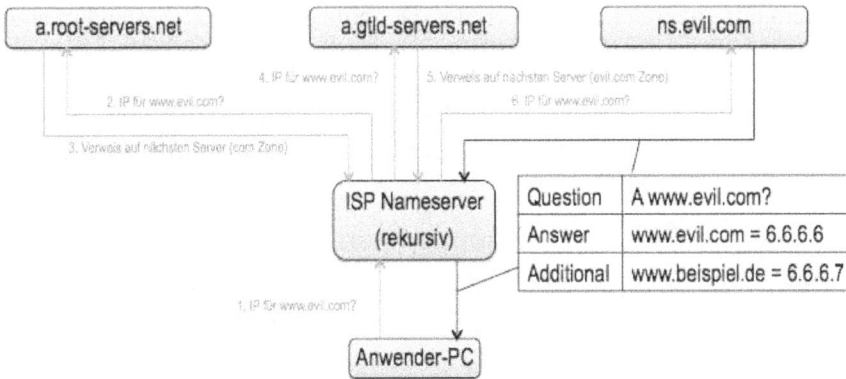

Abbildung 3. Cache Poisoning: Bailiwick Attack

Ursprünglich stellte der Bailiwick Angriff eine einfache und effektive Möglichkeit dar, Resolvern gefälschte Informationen unterzuschieben. Zwischenzeitlich wurde diese Lücke jedoch in den meisten DNS-Servern geschlossen. Es wird nun gefordert, dass Informationen in den Additional-Feldern mit der eigentlichen Anfrage in Verbindung stehen müssen, ansonsten werden diese verworfen. Es ist also nicht mehr möglich, in einer Antwort auf die Frage nach www.evil.com gefälschte Informationen zu www.beispiel.de mitzuschicken.

3.3.4 Kaminsky Angriff

Im Jahr 2008 veröffentlichte Dan Kaminsky einen Angriff auf DNS, der schwerwiegende Folgen haben könnte (vgl. [14]). Seine Idee ist eine Erweiterung des Bailiwick-Angriffs.

In diesem Szenario schickt der Angreifer Anfragen an den Nameserver dessen Cache er manipulieren will. Dabei wählt er Hostnamen, die mit großer Wahrscheinlichkeit nicht existieren, und hängt daran die Domain, die er übernehmen will. Der Nameserver beginnt nun den nicht existierenden Hostnamen aufzulösen. In dieser Zeit schickt der Angreifer Antwort-Pakete. Diese enthalten kein Answer-Feld, dafür aber im Authority Feld ein NS-Record für die zu übernehmende Domain. Zusätzlich enthält das Paket im Additional Feld das A-Record für diesen Nameserver mit einer IP des Angreifer-Nameservers. Schafft es der Angreifer nun vor der legitimen Antwort seine gefälschte an den Opfernameserver zu schicken (dies beinhaltet das

Raten der TXID und des richtigen UDP-Ports), kann somit die gesamte Ziel-
domain durch den Angreifer übernommen werden. Dies führt soweit, dass es
denkbar wäre, dass ein Angreifer sogar eine Top-Level-Domain übernehmen
könnte.

Als dieser Angriff 2008 bekannt wurde, waren viele DNS-Server auf dieses
Problem nur unzureichend vorbereitet. Der einzige „Schutz" bestand in einer

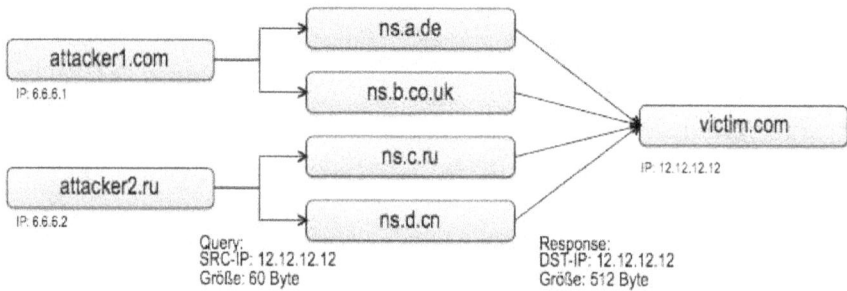

Abbildung 4. DNS Amplification Attack mit zwei Angreifern und 4

offenen Resolvern zufällig gewählten TXID. Da dieses Feld jedoch lediglich
16 Bit lang ist, ist es

relativ einfach über Brute-Force oder statistische Verfahren wie dem
Birthday-Angriff den korrekten Wert zu ermitteln. Als Reaktion auf den Kaminsky-Angriff wurde Source-Port-Randomization (SPR) eingeführt. Dadurch muss der Angreifer sowohl die richtige TXID als auch den richtigen
UDP-Zielport für seine gefälschten Antwort-Pakete ermitteln. Hier kann jedoch nicht von einer endgültigen Lösung die Rede sein. Zwar wurde dadurch
die Entropie deutlich erhöht, jedoch kann diese Hürde mit steigender Rechenleistung und Bandbreite überwunden werden. Diese Lösung ist also keinesfalls als zukunftssicher einzustufen, da sie das grundlegende Problem der
fehlenden Authentizität und Integrität im DNS nicht beseitigt. Ein weiteres
Problem mit dieser Lösung wird offensichtlich, wenn man DNS im Kontext
von Network-Address-Translation (NAT) betrachtet. Steht der DNS Server
hinter einer NAT-Firewall, so kann es, je nach Implementierungsgüte der
NAT Software, dazu kommen, dass die SPR effektiv ausgehebelt wird, weil
die Firewall z.B. auf einen festgelegten Port übersetzt.

Abschließend kann gesagt werden, dass der Kaminsky-Angriff letztendlich
zu einem Umdenken geführt hat. Die Tragweite und die relativ einfache Umsetzbarkeit machen es offensichtlich, dass DNS in seiner klassischen Form
nicht weiter zuverlässig genutzt werden kann. Mechanismen wie TXID-
Randomisierung und SPR sind lediglich Workarounds. Letztendlich führte
die Veröffentlichung dieses Angriffs zu einem Umdenken bei den Herstellern
von DNS-Software bzgl. der Sicherheit. Dass eine Erweiterung von DNS zur

Sicherung der Integrität und Authentizität der Daten dringend notwendig ist, ist spätestens seit dem Kaminsky-Angriff offensichtlich.

3.4 DNS Amplification Attack

Dieser Angriff hat ein gänzlich anderes Ziel als die zuvor genannten: Hier wird die weltweit verteilte DNS-Infrastruktur genutzt um einen Distributed Denial of Service (DDoS) gegen ein einzelnes Opfer zu fahren. Dabei wird die gesamte, dem Opfer zur Verfügung stehende Bandbreite ausgelastet, wodurch dessen Verbindung zum Internet gestört oder sogar ganz unterbrochen wird.

Die DNS Amplification Attack macht sich die Verwendung von UDP als Transportprotokoll bei DNS und die, im Vergleich zu den Anfragen um ein vielfaches größeren Antworten zu nutze.

Um einen Angriff auszuführen, werden mehrere, öffentlich erreichbare DNS-Resolver benötigt. Dies stellt derzeit allerdings kein Problem dar: Im Oktober 2010 waren es über 11 Millionen (vgl. [20]).

Abbildung 4 zeigt beispielhaft den Ablauf eines DDoS-Angriffs unter Zuhilfenahme von DNS Amplification. Da es sich bei UDP um ein verbindungsloses Protokoll handelt, kann der Angreifer die Quell-IP-Adresse in den von ihm an die Resolver verschickten Anfragen fälschen, man spricht hier vom s.g. „IP-Spoofing". Hier setzt er nun die IP-Adresse seines Opfers ein, woraufhin der Resolver seine Antwort an dieses schickt. Um nun die Anbindung des Zielnetzwerkes zu überlasten schickt der Angreifer die Anfragen mit den gefälschten Absenderadressen an so viele öffentliche Resolver wie möglich und so oft wie möglich. Die so entstehenden Antworten lasten dann die Anbindung des Opfers aus. Dabei macht sich der Angreifer die Tatsache zu Nutze, dass DNS-Antworten meist um ein vielfaches größer sind als die DNS-Anfragen. der entstehende Traffic durch die UDP-Pakete wird also effektiv durchdieResolververvielfacht.DasVerhältniszwischenDNS-Anfrage-Paketgröße und -Antwort-Paketgröße bezeichnet man auch als „Amplification Factor" und wird wie folgt berechnet:

$$\text{Amplification Factor} = \frac{\text{Antwortpaketgröße}}{\text{Anfragepaketgröße}}$$

Bei klassischem DNS ist mit diesem Angriff ein Amplification Factor von bis zu 8.5 erreichbar. Mit der neueren Erweiterung EDNS steigt dieser Wert sogar bis über 70 (vgl. [21]). Abhängig von der Anbindung des Opfers sind also relativ wenige Resolver und eine geringe Bandbreite auf Seite des Angreifers nötig um diesen Angriff durchzuführen.

4 Lösungsmöglichkeiten

Die in Abschnitt 3 beschriebenen Schwachstellen und Angriffe gegen DNS zeigen deutlich, dass DNS in seiner ursprünglichen Form ein großes Risiko für das moderne Internet bedeutet. Erweiterungen, die diese Schwachstellen adressieren existieren bereits seit einigen Jahren, konnten sich jedoch lange Zeit nicht etablieren. Dies resultierte zum großen Teil aus einem fehlenden Sicherheitsbewusstsein in der Masse der Anwender bei gleichzeitig vielfach erhöhtem Administrationsaufwand, sowie langwierigen Standardisierungsprozessen.

In diesem Abschnitt sollen die Sicherheitserweiterungen für DNS vorgestellt und bezüglich ihrer Tauglichkeit, Stärken und Schwächen betrachtet werden. Eine Zuordnung zu den bereits beschriebenen Angriffen und eine Bewertung ihrer Effektivität bei der Lösung dieser Probleme wird ebenfalls von den Autoren durchgeführt.

4.1 DNSSEC

Der vielversprechendste Ansatz zur Lösung des Vertrauenswürdigkeitsproblems im DNS sind die „Domain Name System Security Extensions" (DNSSEC). Diese wurden zum ersten Mal im Jahr 1997 im RFC 2065 (vgl. [9]) beschrieben. Jedoch hatte diese ursprüngliche Version große Probleme im Bereich der Schlüsselverteilung, was dazu führte, dass DNSSEC von Grund auf überarbeitet wurde und im Jahr 2005 im RFC 4033 (vgl. [2]) veröffentlicht wurde.

Die Hauptaufgabe von DNSSEC ist die Gewährleistung der Authentizität und Integrität von Daten im DNS. Die Verschlüsselung dieser Daten ist in DNSSEC explizit nicht vorgesehen, da es sich im DNS ausschließlich um öffentliche, nicht geheime Daten handelt. Ein Sicherheitsgewinn durch Verschlüsselung wäre also nicht gegeben, jedoch müssten Einbußen bei der Performance in Kauf genommen werden.

Grundlage für DNSSEC sind asymmetrische Kryptographieverfahren. Mithilfe dieser werden Vertrauensketten über alle Hierarchiestufen von DNSSEC bis hin zur Root gebildet. Dadurch lässt sich sicherstellen, dass Antworten im Auflösungsprozess von einem authentischen Nameserver kommen und die Daten nicht verfälscht wurden.

Um die Schutzziele erreichen zu können, führt DNSSEC einige neue Record-Typen in das DNS ein. Dabei handelt es sich insbesondere um folgende neue Felder (vgl. [3, S. 3ff]:

- **DNSKEY**

  Das DNSKEY Feld dient dazu, öffentliche Schlüssel im DNS zu hinterlegen. Dies ist von essentieller Bedeutung bei der Validierung von DNS Replies. Typischerweise enthält dieses Feld einen öffentlichen Schlüssel der entweder vom Typ"Zone Signing Key" (ZSK) oder vom Typ „Key Signing Key" (KSK) ist. Der private Teil des ZSK wird zur Erzeugung von Signaturen für Resource Records verwendet. Der KSK dient der Signierung des öffentlichen Teils des ZSK.

- **RRSIG**

  In „Resource Record Signature" RRSIG Feldern werden Signaturen zu entsprechenden Resource Record Feldern abgelegt. Diese Signaturen werden bei jeder Reply zusammen mit den eigentlichen Informationen ausgeliefert.

- **DS**

  Felder vom Typ"Delegation Signer" (DS) sind von großer Bedeutung für die Bildung von Vertrauensketten. In DS Feldern werden in der Regel die Fingerprints der öffentlichen Teile der KSKs von Subzonen hinterlegt. Es müsste z.B. im Nameserver der Zone „de" der Fingerprint des öffentlichen Teils des KSK der Zone „beispiel.de" in einem DS Feld hinterlegt werden. DS Felder werden wiederum mit dem ZSK signiert.

In Abbildung 5 wird der Zusammenhang der neuen Felder untereinander und der Ablauf der Validierung einer DNS Antwort verdeutlicht. Als Ergebnis eines

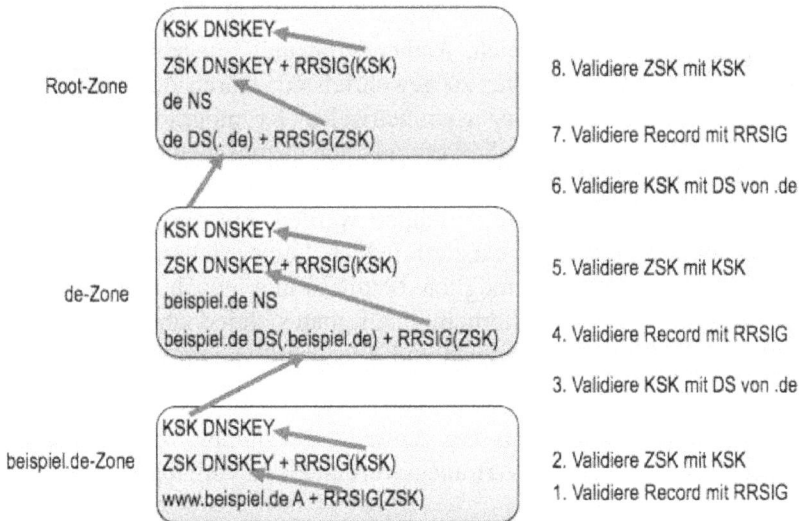

Abbildung 5. DNSSEC: Validierungskette einer DNS Reply

Auflösungsprozesses erhält der Client das A-Record für www.beispiel.de und die dazugehörige Signatur (das RRSIG-Record). Mithilfe des öffentlichen ZSK der Zone beispiel.de wird nun der Inhalt von RRSIG dechiffriert. Die darin enthaltene Prüfsumme wird danach mit einer neu berechneten Prüfsumme über das A-Record verglichen. Stimmen beide überein, so ist die Antwort für das A-Record valide.

Anschließend muss die Integrität des ZSK geprüft werden. Dafür wird im zweiten Schritt der Inhalt des RRSIG-Records für den ZSK mithilfe des öffentlichen KSK Schlüssels dechiffriert und die entsprechenden Prüfsummen analog zum ersten Schritt verglichen.

Danach wird die Prüfsumme des KSK von beispiel.de mit der Prüfsumme desselben Schlüssels im DS-Record der übergeordneten Zone (de) verglichen.

Anschließend wiederholen sich die Schritte bis hoch zur Root-Zone. Treten dabei keine Fehler bei der Überprüfung der Signaturen auf, ist die Integrität und Authentizität der vom DNS erhalten Daten sichergestellt. Dabei muss jedoch beachtet werden, dass die Validität des öffentlichen KSK der Root-Zone nicht wie beschrieben geprüft werden kann. Deshalb wird in Zukunft der öffentliche KSK fester Bestandteil des Betriebssystems oder der DNS-Server Software sein, was zu einigen Problemen in Puncto Verwaltung und Austausch des Root-KSK führen kann.

Durch die zusätzlichen Daten die zu jedem Record gespeichert werden müssen (insbesondere die Signatur), steigt das im DNS vorhandene Datenvolumen erheblich an. Experten schätzen den nun nötigen Speicherplatz für den gleichen Umfang an Daten im DNS auf das sechsfache. (Vgl. [19, S. 213])

DNSSEC schafft es erfolgreich, Authentizität und Integrität der Daten im DNS und bei der Übertragung zu gewährleisten. Durch den Einsatz allgemein etablierter Verfahren der asymmetrischen Kryptographie wird zumindest zwischen Resolver, Root-Server und allen dazwischen befindlichen Systemen ein verlässliches Maß an Sicherheit erzeugt, wodurch auf Cache-Poisoning basierende Angriffe verhindert werden. Für die letzte Meile zwischen Client und Resolver existiert jedoch keine Sicherungsmöglichkeit. Angriffe sind hier weiterhin möglich, betreffen nun jedoch lediglich ein einzelnes Endsystem. Diese Sicherheit erkauft man sich jedoch mit zusätzlichen Ressourcen wie Speicherverbrauch und Rechenaufwand bei der Anwendung der kryptographischen

Verfahren. Dies ist angesichts der zentralen Bedeutung von DNS und der enormen Wichtigkeit seiner Vertrauenswürdigkeit zu vernachlässigen.

4.2 DNSCurve

Das von Daniel J. Bernstein entworfene DNSCurve [6] zielt auf die Lösung der gleichen Probleme ab wie DNSSEC und setzt bei der Kommunikation zusätzlich Verschlüsselungsverfahren ein. Dabei verwendet dieses Verfahren ebenfalls asymmetrische Kryptographieverfahren. Insbesondere setzt DNSCurve auf den Einsatz von Kryptographie mit elliptischen Kurven. Dies soll im Gegensatz zu DNSSEC einen Geschwindigkeitsvorteil erzielen.

Die Grundidee bei diesem Verfahren ist, ein neues Transportprotokoll für die Kommunikation mit DNS Servern zu verwenden (CurveCP), das wiederum innerhalb von UDP abläuft. Bernstein hält dieses Verfahren für deutlich performanter und einfacher zu implementieren als DNSSEC. (Vgl. [5])

Bernsteins Ansätze sind durchaus interessant und beheben das Vetrauenswürdigkeitsproblem von DNS, jedoch hat sich in der Praxis DNSSEC durchgesetzt. DNSCurve spielt lediglich eine untergeordnete Rolle. Der Einsatz von Verschlüsselung in einem offenen System wie DNS wird oftmals als Kritikpunkt ans DNSCurve angeführt, da dies, im Vergleich zu DNSSEC, einen deutlichen Performanceverlust, bei nicht vorhandener zusätzlicher Sicherheit bedeutet.

4.3 TSIG

Anders als die beiden vorstehenden Sicherheitserweiterungen zielt „Transaction SIGnature" (TSIG [23]) hauptsächlich auf die Absicherung der Kommunikation zwischen zwei oder mehr DNS Servern ab. Dabei sollen vor allem die Authentizität der Kommunikationspartner sowie die Integrität der ausgetauschten Daten sichergestellt werden. Wie auch bei DNSSEC ist die Verschlüsselung der Daten bei TSIG nicht vorgesehen. Die Gründe hierfür sind die gleichen, wie bei DNSSEC.

Beim Einsatz von TSIG verfügen alle an der Kommunikation beteiligten DNS Server ein gemeinsames Geheimnis (einen symmetrischen Schlüssel). Mithilfe dieses Schlüssels werden digitale Signaturen über die zu übertragenden DNS Pakete gebildet. Diese Signatur wird in einem speziell dafür vorgesehenen Resource Record, dem „TSIG Resource Record", in der Nachricht hinterlegt. Der Kommunikationspartner kann so die Signatur der empfangenen Daten unter Verwendung der gleichen Hash-Algorithmen und des gleichen Schlüssels überprüfen. Ausschließlich Kommunikationspartner, die den gleichen Schlüssel besitzen sind somit in der Lage, valide Signaturen zu erzeugen.

Aufgrund des Einsatzes symmetrischer Kryptographieverfahren eignet sich dieser Mechanismus nur in einem überschaubaren Rahmen beteiligter Kommunikationspartner, da der Verwaltungsaufwand für das Schlüsselmanagement (die Schlüssel sollten in regelmäßigen Abständen ausgetauscht werden) schnell nicht mehr zu bewältigen ist. Zur Absicherung der Kommunikation von z.B. einer überschaubaren Anzahl von DNS Servern innerhalb eines Unternehmens, ist dieses Verfahren jedoch gut geeignet, da es deutlich weniger komplex aufgebaut und zu handhaben ist, als z.B. DNSSEC.

4.4 Erkennung DNS-basierter DDoS-Attacken und Gegenmaßnahmen

Wie im vorherigen Kapitel beschrieben wurde, kann DNS auch für die Durchführung von Denial-of-Service Attacken missbraucht werden. Besonders interessant ist hierbei der Einsatz von Amplification Mechanismen. Das DNS-Protokoll selbst bietet keine Möglichkeit, solche Angriffe zu verhindern. Dies liegt darin begründet, dass das verbindungslose UDP-Protokoll zum Einsatz kommt.

Gerade weil Angriffe mittels DNS Amplification nicht von vornherein verhindert werden können, spielen die Erkennung und die automatisierten Ergreifung von Gegenmaßnahmen eine besonders wichtige Rolle. Kambourakis et al. beschreiben ein System [13], das genau diese Anforderungen erfüllen soll. Das von ihnen entworfene System soll in der Lage sein, zwischen legitimen DNS-Antwortpaketen und solchen, die möglicherweise Teil einer Amplification DDoS Attacke sind zu unterscheiden. Dazu protokolliert das System ausgehende DNS-Anfragen und vergleicht eintreffende Antworten mit diesen. Stimmen die Antworten mit keiner der bisher abgesetzten Anfragen überein, so kann es sich um ein nicht legitimes Antwortpaket handeln und bei Häufung ein Hinweis auf einen DDoS-Angriff sein. Für die Aufzeichnung dieser Pakete setzen Kambourakis et al. IPtraf [11] ein und speichern die so gewonnenen Daten in einer MySQL-Datenbank. Ein weiteres Werkzeug, der"DNS Amplification Attacks Detector" (DAAD) wertet die in der Datenbank gesammelten Daten aus. Hauptaufgabe des DAAD ist dabei eingehende Pakete auf dem Netzwerk in verdächtige oder unverdächtige Aktivitäten zu klassifizieren und abhängig von dem Ergebnis Gegenmaßnahmen einzuleiten bzw. Alarmreports zu generieren. Als eine mögliche Gegenmaßnahme wenn eine DDoS-Attacke erkannt wurde, wird vorgeschlagen, dass die IP-Adressen der am Angriff beteiligten DNS-Resolver auf dem Edge-Router von z.B. einem Unternehmen blockiert werden und so niemals das interne Netz erreichen, wo ggf. Systeme lahm gelegt oder Netzwerkkapazitäten ausgelastet werden könnten.

Nach Meinung der Autoren der vorliegenden Arbeit, stellt dieser Ansatz einen praktikablen und einfach umzusetzenden Schutz gegen DNS-Amplification Angriffe dar, jedoch wurden einige Schwachstellen und Verbesserungsmöglichkeiten identifiziert. Zum einen ist die vorgeschlagene Positionierung des Filters unzureichend. Erreichen Pakete einer DNS-Amplification Attacke den Edge-Router eines Unternehmens, so kann man diese dort zwar blockieren, jedoch ist unter Umständen das Ziel des Angriffs bereits erreicht worden: Die komplette Auslastung der Internetanbindung des Unternehmens. Bei Verwendung hinreichend vieler offener Resolver und einem entsprechend großen Amplification Factor ist dies nicht undenkbar. Die Positionierung des Filters beim Upstream Internet Provider würde hier deutlich mehr Sinn machen, da dieser in der Regel über weitaus höhere Netzwerkkapazitäten verfügt und eingehende Pakete bereits blockieren kann, bevor diese die Anbindung des Unternehmens stören können.

Ein zweiter Kritikpunkt besteht an der Architektur des vorgeschlagenen Systems. Relationale Datenbank, wie das verwendete MySQL, eignen sich hervorragend für die langfristige, strukturierte Persistierung von Nutzdaten. Jedoch werden hier fast ausschließlich kurzzeitig benötigte Daten in der Datenbank vorgehalten. Wurde z.B. ein Antwortpaket als unbedenklich klassifiziert, weil zuvor bereits ein passendes Anfragepaket vom System registriert wurde, ist eine weitere Speicherung dieser Daten nicht nützlich. Da zwischen DNS-Anfrage und -Antwort meist nur wenige Millisekunden liegen, ist nach Meinung der Autoren eine Persistierung in einer Datenbank nicht unbedingt von Vorteil. Eine höhere Performance ließe sich durch den Einsatz von Systemen mit einfachen In-Memory-Speichern realisieren, da hier kein Festplattenzugriff benötigt würde. Man könnte nun zwar argumentieren, dass für die Bildung von Statistiken mehr Daten benötigt werden, jedoch könnte diese Aufgabe ebenfalls der DAAD übernehmen und Statistiken pflegen ohne dabei auf die persistierten Rohdaten angewiesen zu sein.

5 Neue Anwendungsgebiete in vertrauenswürdigem DNS

Die Einführung eines vertrauenswürdigen DNS ermöglicht diverse neue Anwendungsgebiete. Denkbar ist z.B. die Verteilung von öffentlichen Schlüsseln oder deren Fingerprints um diese zu Verifizieren.

5.1 SSH

Letzteres wurde für SSH (Secure Shell) in [18] standardisiert. Dort wird ein neuer Record-Typ"SSHFP" definiert, in welchem der verwendete Schlüsselalgorithmus (RSA oder DSA), der Typ des Fingerprints (bisher nur SHA-1), sowie der Fingerprint selbst gespeichert werden.

Um beim ersten Verbinden zu einem SSH-Server dessen Authentizität sicherzustellen, ist es erforderlich, dass der Fingerprint des übermittelten Public-Keys überprüft wird. Dazu muss dieser über einen sicheren, unabhängigen Weg übertragen werden. Bisher musste dieser Vergleich manuell vom Benutzer durchgeführt werden, was bei unzugänglichen Servern ein nicht unerhebliches Problem darstellt. Akzeptiert der Benutzer den Fingerprint ohne ihn genau zu überprüfen, so ist die Verbindung anfällig für einen Man-in-the-Middle-Angriff. Mit Hilfe der Daten im SSHFP-Record für einen bestimmten Host kann nun der Client den Fingerprint automatisch überprüfen. Diese Funktionalität ist bereit in aktuellen OpenSSH-Versionen enthalten.

5.2 Zertifikate

[12] legt fest, wie kryptographische Zertifikate im DNS gespeichert werden können. Der Standard definiert dazu einen neuen Record-Typ „CERT". Dieser enthält dabei entweder die Zertifikatdaten selbst oder eine URL, wo die Zertifikat-Daten zu finden sind. Zusätzlich ist ein Feld enthalten, welches den Typ des Zertifikats beschreibt. Da bereits verschiedene Typen vordefiniert sind und der Standard erweiterbar ist, lassen sich vielfältige Anwendungsfälle abdecken. Als Beispiele seien hier die folgenden genannt:

- **X.509**
  X.509 wird als Zertifikatstandard in vielen Gebieten eingesetzt, unter anderem auch zur Verschlüsselung von HTTP (HTTPS). Bisher ist es erforderlich, ein Server-Zertifikat entweder bei einer Certificate Authority gegen Geld signieren zu lassen, damit es vom Browser akzeptiert wird, oder das Zertifikat selbst zu signieren, wodurch allerdings keine Überprüfung auf Korrektheit stattfinden kann.
  Wird nun das Zertifikat sicher über DNS verteilt, kann der Browser die Authentizität automatisch überprüfen und eine vertrauenswürdige Verschlüsselung aufbauen.

- **OpenPGP**
  Der OpenPGP-Standard wird vor allem bei der E-Mail-Verschlüsselung eingesetzt. Bisher wird dabei die Authentizität eines öffentlichen Schlüssels über ein Web-of-Trust sichergestellt, bei dem die Nutzer sich von Angesicht zu Angesicht treffen müssen um die Fingerprints ihrer Keys zu vergleichen. Die Schlüsseldaten selbst werden dann bei Bedarf über spezielle, nicht vertrauenswürdige Schlüsselserver verteilt (vgl. [1]).
  In Zukunft könnten die Schlüsseldaten über DNS sicher verteilt werden. Dadurch könnten E-Mails automatisch mit dem richtigen, authentifizierten Schlüssel verschlüsselt oder signierte Daten mit diesem überprüft werden.

6 Related Work

Anteniese et al. beschreiben eine Alternativimplementierung von DNSSEC [4] und setzen dabei auf den Einsatz von symmetrischen Kryptographieverfahren zum Aufbau von Vertrauensketten zwischen Root-Server und autoritativen Nameservern.

Zur Erkennung und Ergreifung von Gegenmaßnahmen gegen DDOS Angriffe die auf DNS-Amplification basieren beschreiben Kambourakis et al. In [13] ein System. Die darin beschriebenen Ansätze sind zwar wirkungsvoll, jedoch schlagen die Autoren dieser Arbeit einige Verbesserungen vor.

Eine Analyse der Performance von DNS beim Einsatz von DNSSEC wurde in [8] durchgeführt.

In [7] wird von Castro et al. ebenfalls die Evolution von DNS beschrieben. Jedoch wird dabei im Gegensatz zur vorliegenden Arbeit mehr auf quantitative Performancecharakteristika und Sicherheitseigenschaften eingegangen. Eine Beschreibung der möglichen Angriffsziele und deren Lösungen erfolgt nicht.

7 Fazit und Ausblick

Die vorliegende Arbeit hat aufgezeigt, weshalb DNS in seiner ursprünglichen Form heutigen Anforderungen bzgl. Integrität und Authentizität nicht mehr gewachsen ist. Dabei sind die beschriebenen Cache-Poisoning-Angriffe auf DNS als kritisch einzustufen. Das daraus entstehende Schadenspotenzial ist immens, bei einer relativ einfachen Umsetzbarkeit.

Obwohl der Einsatz von Mechanismen wie Source-Port-Randomization und randomisierte Transaktions-IDs heute in jeder aktuellen DNS-Implementierung zu finden sind, können diese jedoch die grundsätzlichen Design-Probleme von DNS lediglich abmildern. Mit steigender Rechenkapazität sowie steigenden Bandbreiten wird die Bedrohung durch die in dieser Arbeit beschriebenen Cache-Poisoning-Angriffe immer akuter. Eine endgültige Lösung ist erst mit dem konsequenten und flächendeckenden Einsatz von DNSSEC möglich. Bis dahin bleibe die beschriebenen Schwachstellen stets eine akute Bedrohung, vor allem für unzureichend geschützte Systeme.

Um Denial-of-Service-Angriffe mithilfe von DNS-Amplification abzuwehren, müssen zusätzliche Schutzsysteme implementiert und integriert werden. Eine Änderung am DNS wäre hierbei zu weitgehend und würde die Kompatibilität dieses zentralen Systems gefährden. Ein möglicher Ansatz zur Erkennung und Abwehr DNS-basierter Denial-of-Service-Angriffe wurde in dieser Arbeit vorgestellt. Dabei wurden von den Autoren Verbesserungsvorschläge für eine gesteigerte Effizienz und Effektivität dieses Ansatzes gemacht.

Die weltweite Implementierung von DNSSEC ist bereits im Gange. Angesichts der akuten Gefährdungen wurde diese vor allem in den letzten Jahren stark vorangetrieben. Mit DNSSEC gehen jedoch auch Probleme einher. Zum einen die um ein vielfaches höhere Datenintensität im Vergleich zum klassischen DNS und zum anderen die zusätzlich benötigten Rechenkapazitäten.

Mit der vollständigen Einführung von DNSSEC werden die schwerwiegendsten Schwächen von DNS zunächst beseitigt, was DNS wieder zu einem vertrauenswürdigen System macht. Jedoch bestehen in Zukunft neue Herausforderungen und mögliche Angriffsvektoren in der Einführung von IPv6. Die

Evaluierung von DNS als vertrauenswürdiges System muss also ein stetiger Prozess sein, damit Schwachstellen ähnlich derer der letzten Jahre schnell erkannt und wirkungsvoll beseitigt werden können

Literatur

[1] A. Abdul-Rahman. The pgp trust model. In EDI-Forum: the Journal of Electronic Commerce, volume 10, pages 27–31, 1997.

[2] R. Arends, R. Austein, M. Larson, D. Massey, and S. Rose. DNS Security Introduction and Requirements. RFC 4033 (Proposed Standard), Mar. 2005. Updated by RFC 6014.

[3] R. Arends, R. Austein, M. Larson, D. Massey, and S. Rose. Resource Records for the DNS Security Extensions. RFC 4034 (Proposed Standard), Mar. 2005. Updated by RFCs 4470, 6014.

[4] G. Ateniese and S. Mangard. A new approach to dns security (dnssec). In In Proceedings of the 8th acm conference on Computer and Communications Security, pages 86–95. ACM Press, 2001.

[5] D. J. Berstein. High-speed high-security cryptography: encrypting and authenticating the whole internet, 2010.

[6] D. J. Berstein. DNSCurve, 2011.

[7] S. Castro, M. Zhang, W. John, D. Wessels, and K. C. Claffy. Understanding and preparing for dns evolution. pages 1–16, 2010.

[8] R. Curtmola, A. D. Sorbo, G. Ateniese, and A. Del. On the performance and analysis of dns security extensions. In in Proceedings of CANS, pages 288–303. Springer Verlag, 2005.

[9] D. Eastlake 3rd and C. Kaufman. Domain Name System Security Extensions. RFC 2065 (Proposed Standard), Jan. 1997. Obsoleted by RFC 2535.

[10] Internet Systems Consortium. BIND Security Advisories, 1999-2011.

[11] IPTraf Project. IPTraf - IP network monitoring software, 2011.

[12] S. Josefsson. Storing Certificates in the Domain Name System (DNS). RFC 4398 (Proposed Standard), Mar. 2006.

[13] G. Kambourakis, T. Moschos, D. Geneiatakis, and S. Gritzalis. Detecting DNS Amplification Attacks. In J. Lopez and B. Hämmerli, editors, Critical Information Infrastructures Security, volume 5141 of Lecture Notes in Computer Science, pages 185–196. Springer Berlin / Heidelberg, 2008. 10.1007/978-3-540-89173-4 16.

[14] D. Kaminsky. Black Ops 2008 – Its The End Of The Cache As We Know It. In Black Hat USA, 2008.

[15] P. Mockapetris. Domain names: Concepts and facilities. RFC 882, Nov. 1983. Obsoleted by RFCs 1034, 1035, updated by RFC 973.

[16] P. Mockapetris. Domain names - concepts and facilities. RFC 1034 (Standard), Nov. 1987. Updated by RFCs 1101, 1183, 1348, 1876, 1982, 2065, 2181, 2308, 2535, 4033, 4034, 4035, 4343, 4035, 4592, 5936.

[17] P. Mockapetris. Domain names - implementation and specification. RFC 1035 (Standard), Nov. 1987. Updated by RFCs 1101, 1183, 1348, 1876, 1982, 1995, 1996, 2065, 2136, 2181, 2137, 2308, 2535, 2845, 3425, 3658, 4033, 4034, 4035, 4343, 5936, 5966.

[18] J. Schlyter and W. Griffin. Using DNS to Securely Publish Secure Shell (SSH) Key Fingerprints. RFC 4255 (Proposed Standard), Jan. 2006.

[19] J. Schwenk and J. Schwenk. Dns security. In Sicherheit und Kryptographie im Internet, pages 195–215. Vieweg+Teubner, 2010. 10.1007/978-3-8348-9665-0 8.

[20] G. Sisson. DNS Survey: October 2010.

[21] R. Vaughn and G. Evron. Dns amplification attacks (preliminary release), Mar. 2006.

[22] P. Vixie. Extension Mechanisms for DNS (EDNS0). RFC 2671 (Proposed Standard), Aug. 1999.

[23] P. Vixie, O. Gudmundsson, D. Eastlake 3rd, and B. Wellington. Secret Key Transaction Authentication for DNS (TSIG). RFC 2845 (Proposed Standard), May 2000. Updated by RFC 3645.

[24] T. Ylonen. OpenSSH 5.8: canohost.c v 1.66. OpenBSD, Jan. 2010.

Möglichkeiten zur Nutzung entfernter Dienste auf Google App Engine mit Android

Matthias Herrmann
Fakultät Informatik
Hochschule Furt-
wangen Robert-
Gerwig-Platz 1
78120 Furtwangen, Germany matt-
hias.herrmann@hs-furtwangen.de

Andreas
Hülzenbecher Fakul-
tät Informatik Hoch-
schule Furtwangen
Robert-Gerwig-Platz
1
78120 Furtwangen, Germany
a.huelzenbecher@hs-
furtwangen.de

Kurzbeschreibung: Immer mehr mobile Endgeräte, vor allem Smartphones, kommunizieren in ihren Anwendungen mit spezifischen Servern und dienen dabei als Knoten eines verteilten Systems. Aufgrund ihrer beschränkten Systemressourcen werden dabei Informationen oftmals erst bei Bedarf abgefragt oder auch Daten zur rechenintensiven Verarbeitung übermittelt. Diese Arbeit behandelt zu diesem Zweck Kommunikationsmöglichkeiten innerhalb eines verteilten Systems auf Basis der Google-Technologien Android und Google App-Engine. Dabei werden populäre Technologien dargestellt und deren Verwendung anhand einer Implementierung eines verteilten Systems erläutert und im Anschluss bewertet.

1 Einleitung

1.1 Motivation

Durch das Betriebssystem Android werden mobile Endgeräte zu Knoten in einem verteilten System. Durch die immer noch begrenzten Ressourcen von Smartphones, auf denen Android derzeit hauptsächlich zum Einsatz kommt, gibt es einige Use-Cases in denen es sinnvoll erscheint, deren Prozessierung auf einen leistungsstärkeren Knoten auszulagern. Diese Use-Cases können so- wohl speicher- als auch rechenintensiver Natur sein. Eine ganze Fülle an der- artigen, im Vergleich zu einem Smartphone leistungsstarken Knoten, bietet die frei zugängliche Google App Engine (GAE), welche die Entwicklung und das Hosting hochskalierender Anwendungen auf HTTP-Basis erlaubt.

Diese Ausarbeitung beschäftigt sich mit möglichen Netzwerk-Technologien, die zur Kommunikation zwischen Android auf der Client-Seite und GAE auf der Server-Seite eingesetzt werden können. Dabei verfolgt die Untersuchung einen stark praxisbezogenen Ansatz, indem eine verteilte Anwendung entwickelt wird, die einige der untersuchten Technologien integriert. Das ermöglicht auf dieser Basis Aussagen zu deren praktischen Einsatzfähigkeit zu treffen. Die Anwendung besteht unter anderem auch aus einem Einsatzzweck der Google-Technologie Cloud To Device Messaging (C2DM), die es serverseitigen Anwendungen ermöglicht, registrierte Android-Anwendungen über Ereignisse zu informieren.

Der Nutzen dieser Ausarbeitung besteht vor allem für Entwickler eines solchen verteilten Systems mit Android auf der Client-Seite. So können die vorgestellten Ergebnisse der Wahl der Technologien zur Netzwerk-Kommunikation, wie auch als Hilfestellung in deren Implementierung dienen.

1.2 Aufbau und Inhalt der Arbeit

In Kapitel 2 werden die für das Verständnis der Umsetzung benötigten Grund- lagen zur Entwicklung von Anwendungen auf Android vermittelt. Kapitel 3 beschäftigt sich ebenfalls mit Grundlagen, allerdings bezüglich der Serverseitigen Implementierung auf GAE. Darauffolgend werden ausgewählte Tech- nologien zur Netzwerkkommunikation in Kapitel 4 vorgestellt. Im Anschluss daran wird in Kapitel 5 die Architektur und Implementierung der verteilten Anwendung erläutert. Die Arbeit wird mit einem Fazit in Kapitel 6, das unter anderem eine Bewertung der betrachteten Technologien zur Netzwerkkommunikation und deren Implementierungen beinhaltet, abgeschlossen.

2 Android

2.1 Einführung

Android ist eine mobile Open-Source-Anwendungsplattform[30]. Da es sich dabei nicht um eine Hardware-Plattform handelt, existiert eine Vielzahl an verschiedenen Endgeräten, die Android verwenden. Entwickelt wurde es von Google in Zusammenarbeit mit der Open Handset Alliance, einer Vereinigung, die sich zum Ziel gesetzt hat, ein besseres und offeneres Mobiltelefon zu er- schaffen. Innerhalb weniger Jahre hat Android eine starke und den Markt beeinflussende Position erreicht. Es beinhaltet unter anderem ein auf dem Linux- Kernel aufbauendes Betriebssystem, Schnittstellen für Nutzerkommunikation, Programmier-Bibliotheken und Multimedia-Funktionalitäten. Während Komponenten für das Betriebssystem in C/C++ entwickelt wurden, werden Nutzer- Anwendungen in Java implementiert. Selbst entwickelte Applikationen können dabei ebenso mächtig sein und dieselbe Funktionalität bieten wie vorab ein- gebaute Applikationen. Da es sich um eine Open-Source-Plattform handelt, kann die Community zahlreiche Erweiterungen für Android, wie beispiels- weise einen Shell-basierten Zugang oder neue Codecs von Drittanbietern, entwickeln und integrieren.[30]

2.2 Architektur

Die Basis des Betriebssystems ist der Linux-Kernel, der die notwendigen Hardwaretreiber bereitstellt. Darauf baut die Android-Laufzeitumgebung auf. Die Dalvik Virtual Machine (DVM) ist der Kern davon und ist speziell an- gepasste VM für Java-Anwendungen. Jede App wird in ihrer eigenen DVM- Instanz ausgeführt, was einerseits die Sicherheit erhöht (z.B. kein gemeinsamer Speicher) und andererseits bewirkt, dass eine abstürzende Applikation keine anderen beeinträchtigt. Normaler Java-Bytecode ist nicht mit der DVM kompatibel und muss deshalb zuerst transformiert werden. Androids Standardbibliotheken (in C/C++ implementiert) bauen ebenfalls auf den Kernel auf und bieten viele Funktionalitäten (bspw. Datenbank oder Multimedia), auf die Nutzer-Applikationen zurückgreifen können.[31]

Auf die Laufzeitumgebung und die Standardbibliotheken baut wiederum das Applikationsframework auf, das die Schnittstelle für die Anwendungs-schicht darstellt und Anwendungskommunikation ermöglicht. Die Anwen-dungsschicht setzt auf dem Framework auf und beinhaltet die Nutzer-

Anwendungen, sowohl eigene als auch von Google oder Drittanbietern mit-
gelieferte.[31]

2.3   Netzwerk-APIs

Für die grundlegende Netzwerkkommunikation via IP stellt Android Teile
der java.net und org.apache.httpclient Pakete zur Verfügung. Dadurch wird
ermöglicht, HTTP-Anfragen auszuführen oder auch manuell TCP- oder
UDP- Verbindungen aufzubauen und zu verwalten. Möchte man also außerhalb HTTP eine Kommunikation ausführen, ist dies durchaus möglich. In
der Regel wird dabei jedoch auf eine externe Bibliothek ausgewichen, die
ein gewünschtes Protokoll implementiert und für den Entwickler abstra-
hiert.[30]

Obwohl sie für die Kommunikation HTTP einsetzen, existieren auch für
Technologien wie XML-RPC Bibliotheken (siehe 5.4.3), die sich um die
eigentliche Kodierung und den Versand von Informationen kümmern.

2.4   Anwendungsentwicklung

Hauptbestandteil einer Android-Anwendung ist eine sog. Activity. Sie ist
eine Art Kontrollinstanz, die sich um die Darstellung und Funktionalität von
GUI-Elementen kümmert, auf Nutzereingaben reagiert und ggf. andere
Kontrollinstanzen aufrufen lässt. Die Klasse Activity ist neben Service eine
Unterklasse von Context, welche für sie eine Schnittstelle zur Laufzeitumgebung bildet. Sie ist somit in der Lage, Informationen zur Anwendung abzufragen oder auch Schnittstellen nach außen zu verwenden, z.B. um Daten
abzuspeichern. Ein Context ist somit stellvertretend für die Umgebung einer
Anwendung und wird oftmals benötigt, um Elemente oder Aktionen auf der
aktuell aktiven Kontrollinstanz anzuzeigen bzw. auszuführen.[31]

Definitionen des Layouts einer Activity werden in den Regeln in XML-
Dateien definiert. Das für die Eclipse-Plattform bereitstehende Plugin für
die Android-Entwicklung bietet dafür einen grafischen Editor, mit dem
GUI-Elemente hinzugefügt und konfiguriert werden können. Die XML-
Strukturen werden dabei generiert. Aus dem Java-Code heraus können diese
Elemente referenziert und weiter konfiguriert werden. Man kann sie bei-
spielsweise mit Listenern versehen oder Inhalte setzen, ändern oder auslesen.
Auch in der GUI vorkommende Texte, gerade die mehrfach genutzten, wer-
den in der Regel in XML-Dateien ausgelagert und in den Element-
Eigenschaften referenziert. So- mit können diese an zentraler Stelle verwaltet
und geändert werden.[30]

Einstellungen, die die gesamte Applikation betreffen, werden in der Datei AndroidManifest.xml definiert. Hier wird unter anderem der Programmname gesetzt, Activities registriert, Rechte gesetzt und Ereignisse festgelegt, auf die das Programm reagieren soll.[2]

2.5 C2DM Framework

2.5.1 Einleitung

C2DM[3] ist ein Service, mit dem Entwickler Nachrichten an Android- Apps senden können. Diese Nachrichten können üblicherweise von einem Server-System versendet werden, das wiederum eine logische Einheit mit der Android-App bildet. Das Design von C2DM ist hierbei nicht darauf ausgelegt, große Nachrichten zu versenden. Es dient eher dazu, der Android-App mitzuteilen, dass neue Daten existieren, sodass diese sich nach dem Erhalt der Nachricht die Daten vom Server holen kann. Der Service garantiert weder die Auslieferung von versendeten Nachrichten, noch garantiert er, dass sie in der Reihenfolge am Gerät eintreffen, in der sie versendet wurden.

Die Systemumgebung von Android kümmert sich um das Empfangen von C2DM-Nachrichten und leitet diese dann an die betroffene App weiter. Das bedeutet, dass die App nicht laufen muss, um C2DM-Nachrichten zu empfangen. Des Weiteren stellt die Systemumgebung keinerlei Benutzeroberfläche bereit, die den Benutzer informieren könnte, dass eine C2DM-Nachricht eingetroffen ist. Die empfangende App hat somit die volle Macht darüber, wie die erhaltene Nachricht weiter verarbeitet werden soll.

C2DM benötigt auf dem Anroid-Gerät mindestens die Android-Version 2.2. Für die Verbindung mit den Google-Servern wird ein angemeldeter Google-Account auf dem Gerät benötigt.[3]

2.5.2 Abläufe

Am C2DM-System sind folgende Knoten beteiligt: das Android-Gerät, ein Third-Party Application Server (TPAS), sowie die C2DM-Server. Der TPAS ist in der Lage, den C2DM-Servern eine Nachricht zu senden, während diese die Nachricht dann an das Android-Gerät weiterleiten.

Bevor das Android-Gerät Daten über C2DM empfangen kann, muss sich die betroffene App bei einem C2DM-Server registrieren. Dazu wird die *Sender-ID*, die durch eine E-Mail Adresse eines Google-Accounts, der meist speziell zu C2DM-Zwecken angelegt wurde, dargestellt wird, zusammen mit der *Applikation-ID*, die die App eindeutig identifiziert, zu einem C2DM-Server gesendet. Wenn die Registrierung erfolgreich war, empfängt die App eine

Registrierungs-ID. Um die Registierung abzuschließen, wird diese dem TPAS mitgeteilt, welcher sie typischerweise in einer Datenbank ablegt.

Neben einer *Registrierungs-ID* benötigt der TPAS einen *ClientLogin Autorisierungs-Token*[6], um eine Nachricht an ein Android-Gerät zu senden. Dieser Token autorisiert den TPAS, Nachrichten an eine bestimmte App senden zu dürfen. Der TPAS bekommt einen Token über eine HTTPS-POST-Anfrage, wie in [6] beschrieben. Der TPAS hat also einen Token für jede App und jeweils mehrere *Registrierungs-IDs*. Jede *Registrierungs-ID* repräsentiert ein bestimmtes Android-Gerät, das sich für eine bestimmte App registriert hat, an C2DM teilnehmen zu wollen.[1]

Schlussendlich ist der TPAS in der Lage Nachrichten an spezifische Android- Geräte über HTTPS-POST-Anfragen zu senden, welche folgende Inhalte auf- weisen:

- registration id
  Die Registrierungs-ID.
- Authorization: GoogleLogin auth=[AUTH TOKEN]
  Der *ClientLogin Autorisierungs-Token.*
- collapse key
  Ein beliebiger String, der benutzt wird, um Nachrichten zu gruppieren. Dies wird nützlich, wenn mehrere Nachrichten derselben Art an ein Gerät gesendet wurden, welches zu dieser Zeit offline war. So wird nur die letzte Nachricht der Gruppe versendet, wenn das Gerät wieder online geht.
- data.<key>
  Der eigentliche Payload der Nachricht, ausgedrückt als Schlüssel-Werte- Paare. Es gibt kein Limit für die Anzahl dieser Paare, wobei es aber ei- ne Beschränkung der Größe von maximal 1KB der gesamten Nachricht gibt.

Die Informationen zu C2DM entstammen aus [3] und [1].

---

[1] Anm. d. Verf.: Die Schritte, die innerhalb dieses und des vorigen Abschnitts erläutert wurden, laufen für den Anwender vollständig transparent ab.

3 Google App-Engine

3.1 Einführung

Google App Engine (GAE) ist eine Hosting-Plattform für HTTP-gestützte Applikationen, auch „Web-Applikationen" genannt. GAE wurde hauptsächlich dazu entworfen, die viele Anfragen innerhalb eines Zeitfensters beantworten müssen, zu hosten. Mit anderen Worten lässt sich sagen, GAE wurde für hochskalierende Applikationen entwickelt. Um die Implementierung der Skalierbarkeit kümmert sich GAE selbst, indem sie für eine Applikation entsprechend viele Ressourcen allokiert und die Anfragen auf diese Ressourcen passend verteilt. Die Applikation selbst muss nicht wissen, wieviele Ressourcen sie tatsächlich in Anspruch nimmt.[39]

GAE lässt sich in drei Teile gliedern: die Laufzeitumgebung, den Datastore und die skalierenden Services. Im Folgenden werden jedoch nur die für das Verständnis der innerhalb dieser Ausarbeitung entwickelten Anwendung nötigen Komponenten beschrieben. Für eine detaillierte Beschreibung der Interna von GAE, siehe z.B. [39].

3.2 Die Laufzeitumgebung

Jede HTTP-Anfrage auf GAE wird in einer Sandbox ausgeführt. Eine Applikation kann beispielsweise nicht auf das Dateisystem schreiben oder auf die

Netzwerk-Hardware der Maschine zugreifen, auf der sie ausgeführt wird. Um Daten persistieren zu können, kann der Datastore genutzt werden. Für Zugriffe auf Peripherie wie Netzwerk-Hardware, werden die oben angesprochenen Services benutzt. Dieses Sandboxing bringt einige Vorteile mit sich, so können z.B. mehrere unterschiedliche Applikationen auf einem Server-System aus- geführt werden, ohne das eine dieser Applikationen Einfluss auf eine der anderen nimmt. Zusätzlich zu dem fehlenden Zugriff auf Funktionen des Betriebssystems, regelt die Laufzeitumgebung auch die Zuweisung von CPU-Zeiten zu diese Applikationen.[39]

GAE bietet zwei Laufzeitumgebungen für Applikationen: Eine Java-Umgebung und eine Python-Umgebung. Innerhalb dieser Arbeit ist jedoch nur die Java-Umgebung relevant.

3.3 Datastore und JDO

Um Daten innerhalb einer Applikation persistieren zu können, existiert der Datastore. Dieser erinnert von seiner Beschaffenheit her an eine Objektdatenbank. Daten werden in Form von *entities* persistiert. Jedes *entity* hat ein oder mehrere *properties* und jedes *property* trägt einen Namen und einen

Wert. Zusätzlich hat jedes *entity* einen Typ, mit dem es kategorisiert wird und für Abfragen benutzt werden kann.[39]

Die Laufzeitumgebung für Java unterstützt zwei Standard-Schnittstellen für den Datenzugriff: Java Data Objects(JDO) und die Java Persistence API (JPA). Die Verfasser entschieden sich innerhalb der Umsetzung in Kapitel 5 für den Zugriff über JDO, da die Schnittstelle eine Obermenge von JPA darstellt[13].[2]

```
     @PersistenceCapable
2 class Employee {
        @PrimaryKey
4       @Persistent(valueStrategy = IdGeneratorStrategy.IDENTITY)
        Key key; @Persistent String firstName; @Persistent String lastName;
6       @Persistent Date hireDate;
  }
```

Listing 1. Beispiel-Datenklasse mit JDO Annotationen

Listing 1 zeigt eine einfache Datenklasse, deren Instanzen im Datastore über JDO persistiert werden können. Instanzen davon sind also eine Repräsentation der *entities* im Datastore. Die Attribute, die mit der Annotation @Persistent versehen sind, werden zu *properties* der *entity*.[8]

3.4 Task Queues

Eine Web-Applikation muss normalerweise recht schnell auf Anfragen antworten, da sonst die Benutzbarkeit darunter leidet. Es gibt jedoch auch Situationen, bei denen eine Prozessierung einfach länger dauert als Zeit zur Verfügung steht. Für solche Arbeiten existieren Task Queues. Durch sie wird es möglich, Prozessierungen außerhalb des Scopes der HTTP-Anfrage verrichten zu lassen. Wenn ein Task fehlschlägt, wird er von der Queue wiederholt prozessiert. Die Zeitabstände, in denen Queues ausgeführt werden, lassen sich selbstverständlich konfigurieren.[39]

Eine Queue führt einen Task aus, indem sie eine HTTP-Anfrage an eine URL eines Servers, der natürlich derselbe sein kann wie der Server von

---

[2] Anm. d. Verf.: Innerhalb der Umsetzung wird nur ein Bruchteil der Funktionalitäten des Datastore benutzt, weshalb er hier auch nicht sehr ausführlich beschrieben wird.

dem der Task ausging, verschickt. Im Java-Kontext wäre der Verarbeiter dieser An- frage ein Servlet. Das Servlet hat bei Ausführung die Kontrolle, ob der Task erfolgreich ausgeführt wurde und kann die Wiederholung konfigurieren. Außerdem kann ein Task so eingerichtet werden, dass er bei Ausführung dem Servlet die nötigen Daten liefert, die es für die weitere Prozessierung benötigt. [39]

In Kapitel 5 wird Gebrauch von einer Task Queue gemacht.

4 Technologien zur Netzwerkkommunikation

4.1 JSON-RPC

JSON-RPC ist ein leichtgewichtiges Remote Procedure Call (RPC) Proto- koll. Es benutzt die JavaScript Object Notation (JSON) als Datenformat zur Kommunikation. JSON selbst zeichnet sich als sehr kompaktes, sprachunabhängiges Datenformat aus [35]. Das Protokoll existiert in einer ersten Version [17] und in der Nachfolgeversion 2.0[15]. Im Folgenden wird ausschließlich auf die Nachfolgeversion 2.0 Bezug genommen.

Hierbei wird ein RPC durchgeführt, indem ein Anfrage-Objekt vom Client zum Server gesendet wird. Welche Netzwerk-Transportschicht hierfür verwendet wird, ist irrelevant, dasselbe gilt natürlich auch für die Antwort des Servers. Das Anfrage-Objekt besteht aus folgenden Attributen:

- jsonrpc: Spezifiziert die Version des Protokolls. Bei der Nachfolgeversion muss er exakt "2.0" entsprechen. Datentyp ist String.
- method: Name der Methode, die aufgerufen werden soll. Datentyp ist String.
- params: Die Parameter, mit denen die Methode aufgerufen werden soll. Datentyp ist Objekt oder Array.
- id: Ein Identifizierer des Clients. Wird benutzt um den Zusammenhang mit der Antwort des Servers herzustellen. Datentyp ist String, Number oder NULL. Bei NULL möchte der Client keine Antwort auf dieses Anfrage-Objekt.

Außerdem existiert die Möglichkeit, mehrere Anfrage-Objekte auf einmal zu senden, indem diese in ein Array geschachtelt werden.

Falls ein Anfrage-Objekt eine id ungleich NULL enthält, muss der Server mit einem Antwort-Objekt antworten. Ein Antwort-Objekt besteht aus folgenden Attributen:

- jsonrpc: Siehe Anfrage-Objekt
- result: Falls bei der Prozessierung des Anfrage-Objekts kein Fehler auf- getreten ist, muss dieses Attribut gesetzt sein. Der Datentyp wird durch den Rückgabewert der aufgerufenen Methode bestimmt.
- error: Wird gesetzt, wenn bei der Prozessierung des Anfrage-Objekts ein Fehler aufgetreten ist.
- id: Muss demselben Wert wie der der id des zugehörigen Anfrage-Objekts entsprechen.

Zusätzlich existiert noch ein Fehler-Objekt, dessen Struktur hier nicht diskutiert werden soll. Hierfür sei auf die JSON-RPC 2.0 Spezifikation verwiesen [15].

```
{"jsonrpc": "2.0", "method": "crypto.encrypt", "params": ["AES", 128, "Klartext"], "id": 1}
2 {"jsonrpc": "2.0", "result": "fZw4OFWM1hX8UyrDhcPWpQ==", "id": 1}
```

Listing 2. Anfrage- und Antwort-Objekt in JSON-RPC

Listing 2 zeigt in Zeile 1 ein Anfrage-Objekt, welches die Methode "encrypt" auf einem Objektnamen "crypto" aufruft. Die Methode wird mit Parametern für den Namen eines kryptografischen Algorithmus, dessen Schlüssel- länge, sowie des zu verschlüsselnden Klartexts aufgerufen. Im Antwort-Objekt in Zeile 2 ist das Ergebnis der Verschlüsselung mit dem ü bergebenen Algorithmus zu sehen. Dieses Beispiel demonstriert die Leichtgewichtigkeit des Protokolls sowie die Kompaktheit seines Datenformats JSON.

4.2 XML-RPC

Das XML-RPC-Protokoll [28] weist einige Ähnlichkeiten zu JSON-RPC auf, weshalb hier nicht sehr viele Details zu diesem Protokoll genannt wer- den. XML-RPC gilt als Vorreiter des mächtigeren SOAP-Protokolls, ist jedoch ähnlich leichtgewichtig wie JSON-RPC[33]. Im Gegensatz zu JSON-RPC, verwendet XML-RPC das Datenformat XML. Des Weiteren wurde XML-RPC auf Basis von HTTP entwickelt, ist also nicht wie JSON-RPC vom Transportprotokoll unabhängig. Um die Ähnlichkeiten zu JSON-RPC prägnant zu demonstrieren, wird das in Listing 2 gezeigte Beispiel auf XML-RPC portiert:

```
<methodCall>
2
<param><value><string>AES</string></value></param>
4
<param><value><string>Klartext</string></value></param>
6
</methodCall>
8
<methodResponse>
10
<param><value><string>fZw4OFWM1hX8UyrDhcPWpQ==</string></value></param>
12
</methodResponse>
```

Listing 3. Anfrage- und Antwort-Objekt in XML-RPC

Wie in Listing 3 zu sehen ist, definiert XML-RPC Datentypen, die logischer- weise in XML ausgedrückt werden müssen. Im Vergleich zum JSON-Format müssen hier deutlich mehr Bytes benutzt werden, um dasselbe Ziel zu verfolgen.

4.3 REST

Representational State Transfer (REST) beschreibt mehr einen Architekturstil, als direkt eine Netzwerktechnologie wie das bei JSON- und XML-RPC der Fall ist. REST wurde erstmalig von Fielding in [37] präsentiert. Die Hauptkonzepte besagen, dass die betreffenden Ressourcen in einem URI-Format an- gegeben werden und über die möglichen HTTP-Methoden auch unterschiedliche Aktionen ausgelöst werden. Implementierungen, die sich streng an die REST-Prinzipien halten, nutzen alle HTTP-Methoden: POST, PUT, GET und DELETE. Letztere dient dabei dem Löschen eines Datensatzes, GET dem Lesen, POST und PUT erlauben das Erstellen oder Modifzieren eines solchen. Die meisten Bibliotheken und Implementieren agieren jedoch auf eine REST- artige Weise. Dabei werden nicht alle möglichen HTTP-Methoden verwendet, sondern wenige mehrfach überlagert. Anhand von Headern oder Parametern in der URL werden die gewünschten Aktionen dann kodiert. Die Idee dabei ist, lieber eine einfach benutzbare API zu schaffen als sich streng an Muster zu halten. REST ist ein beliebter Architekturstil, da er sowohl einfach als auch mächtig ist.[30]

4.4 SOAP

SOAP ist ein vergleichsweise sehr mächtiges Kommunikationsprotokoll. Es unterstützt unter anderem starke Typen (durch ein XML-
Schema), Sicherheitsparameter oder auch Verschlüsselung. Gleichzeitig
bringt die Nutzung von SOAP aber auch einen verhältnismäßig großen
Overhead mit sich. In SOAP werden Daten in Umschläge verpackt, die
ein komplexeres Design er- fordern. Die Nutzung ist jedoch in der Regel
weniger performant. Die besonderen Features von SOAP sind außerdem
oftmals nicht notwendig und eine Übermittlung von Daten in XML-
Struktur ohne diese Features, aber mit dem Overhead durch den Envelope
ist im Grunde nicht sinnvoll. Die Sinnhaftigkeit der Verwendung von
SOAP auf Smartphones erscheint deshalb vielen als fragwürdig. Einsetzen sollte man SOAP somit eher in Fällen, die spezielle Features erfordern oder in denen das Backend eine SOAP-Kommunikation er- fordert.
Selbst in letzten könnte man sich jedoch überlegen, lieber einen REST-
Proxy auf dem Backend zu implementieren anstatt einen SOAP-Client
auf den mobilen Geräten zu verwenden.[30]

4.5 Sonstige Netzwerktechnologien

Neben den bereits genannten gibt es noch weitere nennenswerte Netz-
werktechnologien, die jedoch nicht in die Umsetzung (siehe 5) eingeflos-
sen sind.

Die folgenden Abschnitte sollen diese trotzdem kurz beleuchten und eine
Begründung liefern, weshalb sie nicht umgesetzt wurden.
Remote Method Invocation (RMI) ist eine rein Java-basierte Lösung zur
Kommunikation zwischen Knoten eines verteilten Systems. Die Technologie ermöglicht es, Methoden auf Java-Objekten aufzurufen, die von
einer anderen virtuellen Maschine erzeugt wurden. In der Regel läuft
diese virtuelle Maschine dann auch auf einem Rechner.[32] Da die RMI-
API nicht Bestandteil der Android-API und auch nach einer Recherche
keine zufriedenstellende Portierung RMIs auf Android gefunden wurde,
ist RMI nicht Bestandteil der Umsetzung.
Ableson et. al. erläutern in [30] Plain Old XML (POX) über HTTP. POX
ist, wie der Name schon sagt, „blankes" XML, was über HTTP transpor-
tiert wird und stellt somit keinen „wirklichen" Standard dar[29]. Die
Technologie ist demnach nicht sehr spannend, trotzdem aber auch nicht
total unnötig, wie später in Abschnitt 6.2 noch besprochen wird. Auf die
Umsetzung wurde jedoch trotz- dem verzichtet, da sie zu trivial ist.
Die zuletzt betrachtete Netzwerktechnologie bilden die relativ neuartigen

WebSockets[36]. Diese fokussiert das Thema „Echtzeit" im Web. Echtzeit bedeutet in diesem Sinne, dass, unter Betrachtung einer klassischen Client-Server-Anwendung, der Client mehr oder weniger sofort benachrichtigt werden kann, sobald der Server etwas Neues zu berichten hat. Dies ist aufgrund der halbduplexen Eigenschaften von HTTP bisher nur durch Hacks wie Polling oder Long Polling[36] möglich gewesen. Durch WebSockets existiert ein vollduplexes Kommunikationsprotokoll, was diese Hacks unnötig macht und eine bidirektionale Kommunikation zwischen Client und Server über einen einzelnen Kommunikationskanal ermöglicht.[40] Es gibt einige Probleme mit der Unterstützung von WebSockets durch GAE. Unter anderem existiert die Limitierung, dass eine Client-Anfrage auf GAE nicht länger als 30 Sekunden dauern darf[25]. In [9] ist eine Anfrage bzgl. der Unterstützung der WebSocket-API zu sehen, die aber noch nicht geschlossen ist. Daher existiert derzeit keine Unterstützung für WebSockets auf GAE, weshalb auf die Implementierung verzichtet werden musste. Mit jWebSocket[21] ist jedoch schon eine Implementierung für Android verfügbar.

5 Umsetzung

5.1 Anforderungen

Um die vorgestellten Kommunikationstechnologien und deren Lauffähigkeit auf Android-Geräten und der GAE näher untersuchen zu können, wurde ei- ne verteilte Anwendung entwickelt. Um rechenintensive Aufgaben zumindest zu simulieren, entschieden sich die Verfasser für einen Kryptografie-Service (KS), bereitgestellt durch eine Anwendung, die auf GAE deployt wird. Der KS stellt entfernte Dienste zur kryptografischen Ver- und Entschlüsselung zur Verfügung. Dem Android-Client bleibt neben dem frei wählbaren Klartext die Wahl des zu verwendenden Algorithmus und dessen Schlüssellängen. Für die Demonstration der ausgewählten Kommunikationstechnologien, ist der Client in der Lage, Anfragen an den KS wahlweise über die Technologien JSON- RPC, XML-RPC, REST oder SOAP zu stellen. Um einen C2DM-Use-Case hinzuzufügen, soll der GAE-App-Server die Möglichkeit bieten, C2DM-registrierte Clients zu veranlassen, den Server (erneut) nach Informationen zu unterstützten Krypto-Algorithmen und deren möglichen Schlüssellängen abzufragen. Der GAE-Server soll hierfür eine minimale Benutzerschnittstelle bieten, über die die Benachrichtigung der C2DM-Clients veranlasst wird. Diese Benutzerschnittstelle soll über einen Webbrowser bedienbar sein. Damit ergeben sich drei Knoten, über die die geforderten Funktionalitäten verteilt werden: der GAE-App-Server, der Android-Client und der Browser-Client.

5.2   Architektur der Anwendung

Abbildung 1 bietet mit einem Verteilungsdiagramm eine Draufsicht auf das System. Das Diagramm zeigt zusätzlich zu den drei oben genannten Knoten noch die an der Anwendung beteiligten C2DM-Server von Google. Die Haupt-Funktionalitäten verteilen sich auf den GAE-App-Server sowie auf den Android-Client, weshalb diese beiden Knoten in der Abbildung mit etwas mehr Information ausgestattet sind. Der GAE-App-Server unterteilt sich in zwei Umgebungen (<<executionEnvironment>>), den Servlet-Container und den Datastore. Der Servlet-Container stellt den Rahmen für die eigentliche Business- Logik dar, während der Datastore vor allem im Rahmen der C2DM-Komponente benötigt wird. Der Servlet-Container zeigt drei Haupt-Komponenten. CryptoService stellt die eigentlichen Dienste des KS bereit, während in C2DM die C2DM-Funktionalitäten realisiert sind, die der GAE-App-Server in seiner Rolle als TPAS bereitstellen muss. Beide Komponenten werden von Communication benutzt, die deren Funktionalitäten über die verschiedenen Kommunikationstechnologien bereitstellt und ihrerseits die jeweiligen Server-Rollen der Technologien realisiert.

Der Android-Client besteht ebenfalls aus drei Komponenten, die ihre Laufzeitumgebung innerhalb der Dalvik-VM finden. Die Komponenten Communication und C2DM spielen eine ähnliche Rolle wie ihre Pendants innerhalb des GAE- App-Server. So implementiert Communication die jeweiligen Clients für die verschiedenen Kommunikationstechnologien, während C2DM für die C2DM-Funktionalitäten in der Rolle als Android-Applikation verantwortlich ist. Der Android- Client bietet zusätzlich noch eine grafische Benutzeroberfläche, die sich innerhalb der Komponente GUI verbirgt und die beiden anderen Komponenten benutzt.

Außerdem zeigt das Diagramm die Verbindungen zwischen den Knoten und die für die Kommunikation verwendeten Technologien. In den folgen- den Abschnitten wird die Architektur der beiden Knoten GAE-App-Server und Android-Client detaillierter beschrieben sowie auf einige interessante Aspekte der Implementierung eingegangen.

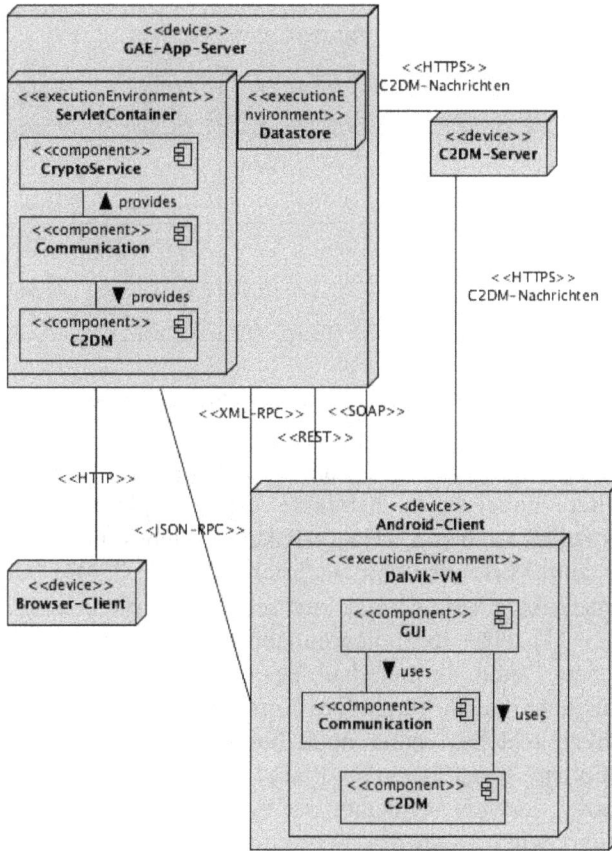

Abbildung 1. Verteilungsdiagramm:
Das verteilte System im Überblick

5.3   GAE-App-Server

5.3.1 Architektur

Die Anwendung wurde mit dem Java-SDK des GAE in der Version 1.5.1 in Kombination mit dem Google Plugin für Eclipse 3.6 v2.3.2 entwickelt. Die einzelnen Programmartefakte wurden fast ausschließlich mit der dynamisch typisierten Programmiersprache Groovy[11] entwickelt.

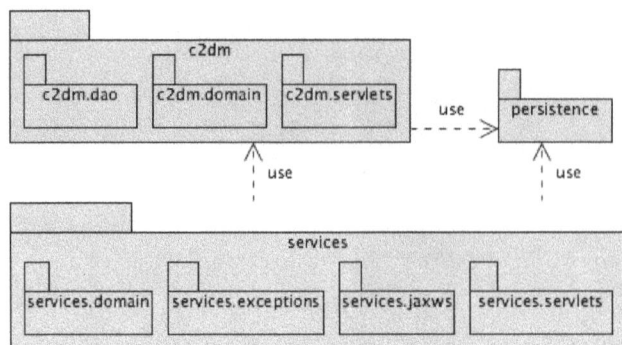

Abbildung 2. Paketdiagramm: GAE-App-Server

Abbildung 2 zeigt die Java-Pakete des GAE-App-Servers. Das Paket c2dm beinhaltet dabei die Artefakte zur Implementierung der C2DM-Funktionalität. Neben des Haupt-Pakets, welches die eigentlichen Funktionalitäten zum Versenden von Nachrichten über C2DM beinhaltet, existieren die Unterpakete dao, domain und servlets.dao bietet dabei über das DAO-Pattern [7] eine technologieunabhängige Schnittstelle zu den C2DM-bezogenen Daten, die innerhalb des GAE-Datastore gespeichert sind. Diese dient als Schnittstelle für andere Komponenten, wie beispielsweise dem service-Paket, welches später noch beschrieben wird. domain beinhaltet die Definitionen dieser Daten als Plain Old Java Objects (POJOs), ausgedrückt in Groovy. servlets beinhaltet ein Servlet, welches von einer Task Queue ausgeführt wird, wenn das Versenden einer C2DM-Nachricht fehlschlug. Dies kann z.B. vorkommen, wenn der C2DM- Server nicht erreichbar ist [3]. Eine genauere Beschreibung der Implementierung von C2DM folgt unten in Abschnitt 5.3.2.

Das Paket c2dm benutzt persistence, um C2DM-bezogene Dateien zu persistieren. persistence liefert hierfür eine einzelne Klasse, welche wiederum ein Singleton-Objekt vom Typ PersistenceManagerFactory zurückliefert. Auf diesem Objekt können Clients einen PersistenceManager beziehen, um mit JDO kommunizieren zu können. Da die Initialisierung einer PersistenceManagerFactory ziemlich lange dauern kann [26], wird so sichergestellt, dass sie nur einmal stattfinden muss.

Die Repräsentation des eigentlichen KS findet sich im Paket services. Im Hauptpaket findet sich sowohl eine Schnittstelle des Services, als auch deren Implementierung. Erwähnenswert hierbei ist, dass nur eine einzelne Implementierung existiert, die von allen eingesetzten Kommunikationstechnologien gemeinsam verwendet wird. Eine Änderung an dieser wirkt sich also automatisch auf alle Technologien aus. Die Auswirkung wird durch die eingesetzten Bibliotheken der Kommunikationstechnologien ersichtlich, wie in den folgenden Abschnitten erläutert wird.[3] domain beinhaltet Klassen, die die Daten, die während der Kommunikation verschickt werden, repräsentieren. exceptions enthält anwendungsspezifische Ausnahmen, die für die Fehlerbehandlung bezüglich der Service-Kommunikation benötigt werden. jaxws enthält generierten, SOAP-spezifischen   Code. Dieses Paket wird später noch diskutiert wer- den. Innerhalb servlets sind die HTTP-basierten Schnittstellen für die verschiedenen Kommunikationstechnologien   als Groovy-Servlets implementiert. Alle in servlets enthaltenen Klassen erben direkt oder indirekt von javax.servlet.http. HttpServletRequest.

5.3.2 Implementierung

Listing 4 zeigt die abstrakte Schnittstelle des KS.

```
   public interface ICryptoService {
2    SimpleCipher[] getSupportedCiphers();
     String encrypt(String algoName, int keyLengthInBit, String payload)
4        throws CipherNotFoundException, ValidationException;
     String decrypt(String algoName, int keyLengthInBit, String payload)
6        throws                      CipherNotFoundException,
         IllegalBlockSizeException, ValidationException;
8    void addC2DMRegistrationId(String registrationId);
     void removeC2DMRegistrationId(String registrationId);
10 }
```

Listing 4. Java-Interface des KS

Zeile 2 zeigt die Signatur der Methode, die die unterstützten Algorithmen inklusive deren Schlüssellängen zurückliefert. Der Typ SimpleCipher ist dabei Teil des Pakets services.domain. Die Zeilen 3-7 zeigen die beiden Methoden zum Ver- und Entschlüsseln von Klartext. Beide Methoden können eine ValidationException oder eine CipherNotFoundException werfen, welche Teil des Pakets services.exceptions sind. Erstere kann bei allgemeinen Validierungsfehlern, wie etwa dem Fehlen des Klartexts, geworfen werden, während letztere dann geworfen wird, wenn der Algorithmus-Datenbestand die angeforderte Kombination aus Algorithmus und Schlüssellänge nicht beinhaltet. Die Methode decrypt kann zusätzlich eine IllegalBlockSizeException werfen, falls der Schlüsseltext keine zum Algorithmus passende Länge aufweist. Da alle verwendeten Kommunikationsprotokolle textbasiert arbeiten, wird der Schlüsseltext innerhalb der Implementierung des Java-Interfaces

---

[3] Anm. d. Verf.: Eine Ausnahme bildet hier SOAP, was in Abschnitt 5.3.2 angesprochen wird.

vor der Rückgabe innerhalb encrypt mit Base64 kodiert. Vor dem Entschlüsseln wird er wieder dekodiert.

Die beiden letzten Zeilen des Listings zeigen schließlich Methoden, mit denen sich Clients bezüglich des C2DM-Dienst des KS an- oder abmelden können.

Eine Implementierung von ICryptoService existiert mit CryptoServiceGroovy, eben- falls Teil des Pakets services. Diese Implementierung wird durch Annotationen allen Anforderungen der verwendeten Bibliotheken für Kommunikationstechnologien gerecht, mit Ausnahme von SOAP.

Die folgenden Bibliotheken wurden zur Implementierung der Kommunikationsschnittstellen verwendet:

- **json-rpc**: Als Implementierung des JSON-RPC-Protokolls in der Version 2.0 kommt die unter der Apache v2.0 Lizenz freigegebene "json-rpc"-Bibliothek [16]. Die Verwendung der Bibliothek ist durch ihre Leichtgewichtigkeit sehr einfach, wie das folgende Listing demonstriert:

```
JsonRpcExecutor();    ICryptoService    cryptoService    =    new
CryptoServiceGroovy();
2 executor.addHandler("crypto", cryptoService, ICryptoService.class);
```

Listing 5. Implementierung mit „json-rpc"

Dieses Listing befindet sich innerhalb der Klasse JSONRPCSerlet, die Teil des services.servlets-Pakets ist. Die Instanz von JsonRpcExecutor wird dort innerhalb einer Instanzvariable referenziert, um die Lebenszeit mit der des Servlets gleichzusetzen und sich somit weitere Initialisierungen zu sparen. Diese Instanz stellt auch schon die einzige Schnittstelle dar, die benutzt werden muss um den JSON-RPC-Server zu implementieren. In Zeile 3 wird deutlich, dass über die addHandler-Methode ein Service über die Angabe seines Objektnamens, der konkreten Instanz sowie über den Klassen-Typ der abstrakten Repräsentation als Java-Interface registriert werden kann. Innerhalb der doPost-Methode von JSONRPCServlet muss der Request dann nur noch über die execute-Methode von JsonRpcExecutor weitergereicht werden.

- **Redstone XML-RPC**: Für XML-RPC kommt die Redstone XML-RPC Library [23], lizensiert unter LGPL, zum Einsatz. Die Benutzung der Bibliothek ist noch einfacher als die der JSON-RPC-

Bibliothek. Die Redstone-Bibliothek wird mit einem bereits präpa-
rierten Java-Servlet ausgeliefert. Die Klasse XMLRPCServlet, als
Teil des services.servlets-Paket, erbt von diesem Servlet und über-
schreibt dessen init-Methode einfach mit dem folgenden Metho-
denkörper: getXmlRpcServer().addInvocationHandler ("crypto", new
CryptoServiceGroovy());. Somit genügt also der Objektname des
Services, gepaart mit der Instanz der konkreten Implementierung,
um den XML-RPC-Server funktionstüchtig zu bekommen.

- **RESTEasy**: Als Hilfe zur Realisierung des REST-Protokolls fiel
die Wahl auf das RESTEasy-Projekt[24], lizenziert unter der
LGPL. RESTEasy stellt eine zertifizierte Implementierung der
JAX-RS[14] Spezifikation dar. JAX-RS ist eine Spezifikation des
Java Community Process (JCP), die eine Java-API für REST-
Services festlegt. RESTEasy wird mit einem Dispatcher-Servlet
ausgeliefert, welches direkt verwendet werden kann. Es ist also
kein eigenes Servlet nötig. Die Informationen, wie beispielsweise
die Angabe der URLs, unter denen die einzelnen Methoden des
Web-Services verfügbar sein sollen, erfolgt über Annotationen
aus dem Paket javax.ws.rs.. So wurde die Klasse
CryptoServiceGroovy mit der Annotation @Path(„/crypto") versehen, was alle ihre Dienste (Methoden) unter dem relativen URL-
Pfad „/crypto" verfügbar macht.[4] Eine Methode wie z.B.
getSupportedCiphers kann dann, wie in Listing 6 gezeigt, konfiguriert werden.

```
@Path("/getSupportedCiphers")                    @Produces("application/xml")
SimpleCipher[]
2 getSupportedCiphers() { ...
```

Listing 6. Konfiguration der Methode getSupportedCiphers

Aus dem Listing ist auslesbar, dass die Art der Argumentübertra-
gung mit HTTP definiert werden kann. Auch hier wird die @Path-
Annotation genutzt, um den URL-Pfad dieser Methode zu definieren. @Produces gibt die Kodierung der Ausgabe im XML-
Format an. RESTEasy kümmert sich selbstständig um die Um-

---

[4] Anm. d. Verf.: Relativ zu dem Pfad, unter dem das RESTeasy-Servlet angesprochen werden kann. Definiert in der web.xml.

wandlung von POJOs in Formate wie XML, JSON u.a. Ebenso funktioniert die Umwandlung andersrum. RESTEasy bietet somit eine ziemlich mächtige REST-Implementierung, die sehr einfach verwendbar ist.

- **JAXM und JAXB**: SOAP fällt stark aus dem Raster der verwendeten Technologien, da seine Implementierung auf GAE lange nicht so angenehm war die bereits vorgestellten. Dies ist vor allem auf den Umstand zurückzuführen, dass GAE derzeit die JAC-WS-API [19] zur Erstellung von XML-basierten Web-Services mit Java nicht unterstützt [10]. Seit dem Release 1.4.2 der GAE ist es jedoch möglich, mit Hilfe der Java API für XML Nachrichten (JAXM)[12] sowie der Java Architecture for XML Binding (JAXB)[18] einen SOAP-Server auf GAE zu deployen. M. Rudominer beschreibt die Vorgehensweise in [38] recht ausführlich. Die im Rahmen dieser Ausarbeitung durchgeführte Implementierung des SOAP-Servers orientiert sich stark an dieser Vorgehens- weise, weshalb nur die wichtigsten Fakten kurz dargestellt werden.

Entgegen der Benutzung von JAX-WS in einem SOAP-Server kann die API dennoch in SOAP-Clients auf GAE verwendet werden. Dadurch ist es zumindest möglich auf Annotationen des Pakets javax.jws zugreifen zu können. Somit kann die Klasse, die den Web-Service implementiert, in diesem Fall also CryptoServiceGroovy, mit den Annotationen WebService und WebMethod ausgestattet werden. Diese beiden Annotationen definieren eine Klasse als Web-Service sowie Methoden als Methoden des Web-Service. Dies wird dann nützlich, wenn man sich des JAX-WS Werkzeugs wsgen[27] bedient. Dadurch würde sich aus der annotierten Klasse CryptoServiceGroovy automatisiert eine WSDL-Datei inklusive aller nötigen JAX-B-POJOs, die für den SOAP-Server benötigt werden, generieren lassen. Leider war das so nicht möglich, da wsgen nicht mit Groovy-Klassen arbeiten kann. Aus diesem Grund wurde speziell für den SOAP-Server eine weitere Implementierung von ICryptoService in purem Java realisiert. Diese trägt den Namen CryptoService. Intern nutzt sie allerdings einfach eine Instanz von CryptoServiceGroovy und delegiert al- le Aufgaben an diese weiter. Die einzigen zusätzliche Informationen, die sie trägt, sind die JAX-WS Annotationen. So kann wsgen auf die KS- Implementierung angewandt werden. Die generierten POJOs finden sich im Paket services.jaxws wieder.

Um die durch wsgen erzeugten POJOs mit der eigentlichen Implementierung des KS (CryptoService) zu verbinden, muss eine Adapter-Klasse implementiert werden. Diese trägt den Namen CryptoServiceSOAPAdapter und ist Teil des Pakets services. Sie wird innerhalb der Klasse benutzt, die die eigentliche Schnittstelle des SOAP-Servers und dessen Implementierung darstellt. Die Klasse wurde mit CryptoServiceSOAPHandler, ebenfalls Teil von services, benamt. Ihre Methode mit der Signatur public SOAP- Message handleSOAPRequest(SOAPMessage request);— nimmt eine SOAP-Anfrage entgegen. Um zwischen den verschiedenen Methoden zu unterscheiden, müssen die XML-Elementnamen auf die Methoden des KS-Service gemappt werden. Die Namen finden sich innerhalb der Annotationen, die wsgen innerhalb der erzeugten POJOs generiert. Wenn die richtige Methode entdeckt wurde, wird die Prozessierung an CryptoServiceSOAPAdapter delegiert.

Schlussendlich muss, um den SOAP-Server auf GAE überhaupt zugänglich zu machen, ein Servlet implementiert werden. Dieses Servlet (SOAPServlet, Teil von services.servlets) wandelt eine einkommende Anfrage in eine SOAPMessage um, delegiert die Prozessierung an CryptoServiceSOAPHandler und kümmert sich schlussendlich um die HTTP- Antwort.

Wenn der eigentliche KS geändert wird, müssen sowohl die POJOs als auch die WSDL-Datei mit wsgen aktualisiert werden. Des Weiteren muss CryptoServiceSOAPAdapter und CryptoServiceSOAPHandler an die neuen Signaturen angepasst werden. Diese Lösung ist also keinesfalls als besonders erweiterbar einzustufen, stellt aber aktuell die einzig derzeit bekannte Möglichkeit dar, einen SOAP-Server auf GAE hosten zu können. Es bleibt hier also abzuwarten, bis die GAE mit der nötigen JAX-WS- Funktionalität auf Server-Seite ausgestattet wird, um diese Probleme aus der Welt zu schaffen.

Als Ausgangspunkt für die Implementierung des C2DM-Services diente neben den in [3] beschriebenen Anforderungen an den TPAS die C2DM-Demo- Applikation jumpnote[20]. Das Hauptpaket der C2DM-Funktionalität c2dm besteht aus den Klassen C2DMClientLoginAuthTokenFactory, C2DMConfigDAOImpl und C2DMMessageSender.

C2DMClientLoginAuthTokenFactory stellt eine Art Hilfsklasse dar und ist in der Lage, den *ClientLogin Autorisierungs-Token* (Aut-Token) für den Dienst C2DM von den Google-Servern abzufragen. C2DMConfigDAOImpl ist dagegen die Implementierung des Java-Interface IC2DMConfigDAO aus dem Paket c2dm.dao. Dieses bietet technologieunabhängige Schnittstellen für den Datastore-Zugang auf C2DM-bezogene Daten, wie z.B. die Abfrage des Aut-Token, und das Löschen und Hinzufügen von *Registrierungs-IDs* bezüglich eines bestimmten Services. Die Struktur der C2DM-bezogenen Daten wird durch die Klasse C2DMConfig (Teil des Pakets c2dm.domain) wie in Listing 7 gezeigt, definiert:

```
C2DMConfig { @PrimaryKey @Persistent(valueStrategy =
4 IdGeneratorStrategy.IDENTITY) Key key; @Persistent String authToken; @Persistent
Set<String> registrationIds = new HashSet<String>(); }
```

Listing 7. Struktur der C2DM-bezogenen Daten

Der Schlüssel Key in Zeile 5 steht hierbei für den Namen des Service, für den die C2DM-Daten persistiert werden sollen. Diese Struktur wurde im Hin blick auf Erweiterbarkeit entworfen, da es so möglich ist, C2DM-Daten für mögliche weitere Services abzuspeichern. Da der KS derzeit der einzige Service ist, existiert auch nur ein Eintrag für die *C2DMConfig*-Klasse im Datastore. Der String *authToken* repräsentiert in Zeile 7 den Aut-Token für die Client- Login Funktionalität für diesen Service. Außerdem werden die *Registrierungs-IDs* der Android-Geräte, die am C2DM-Dienst des KS teilnehmen, innerhalb registrationIds in Zeile 9 abgespeichert.

Mit C2DMMessageSender existiert die Klasse, über die es schlussendlich möglich ist, wirklich Nachrichten über C2DM zu versenden. Da beim Versenden von Nachrichten einige Probleme auftreten können, kümmert sie sich z.B. um die Persistierung eines möglichen neuen Aut-Token, der von den Google- Servern übermittelt wird, oder um das Füllen einer Task-Queue, um das Versenden zu wiederholen, wenn der C2DM-Server nicht erreichbar war und da- her die C2DM-Nachricht nicht annehmen konnte. In diesem Zusammenhang existiert auch das Servlet C2DMRetryServlet, das automatisch von der Task-Queue aufgerufen wird. Das Servlet nutzt C2DMMessageSender um bei einer Anfrage die noch nicht versendete Nachricht nochmals zu versenden. Sollte das Sen- den nach fünf fehlgeschlagenen Versuchen immer noch nicht klappen, wird die Nachricht und somit auch der Task verworfen.

5.4   Android-Client

5.4.1   Funktionen

Als Frontend-Anwendung des verteilten Systems muss die App "DisCrypt" natürlich auch eine Nutzerschnittstelle zur Verfügung stellen, über die die Dienste des Backends genutzt werden können. Dabei müssen alle für einen Crypt- Request notwendigen Parameter gesetzt werden und, da die eigentliche Kommunikation den Kern der verteilten Anwendung darstellt, dem App-Anwender somit auch die darauf bezogenen Ergebnisse und Ereignisse präsentiert wer- den.

Um den definierten Anwendungsfällen des entwickelten verteilten Systems gerecht zu werden, wurden die folgenden funktionalen Anforderungen an die Client-Applikation gestellt:

- Die Anwendung muss GUI-Elemente zur Verfügung stellen, durch die man den gewünschten Request auswählen kann. Dies beinhaltet die zugrunde liegende Kommunikationstechnologie, den Verschlüsselungsalgorithmus sowie die Schlüssellänge. Außerdem muss der Nutzer hierfür einen beliebigen Text eingeben können.

- Die Auswahlmöglichkeiten in der Oberfläche müssen anhand der unterstützten Elemente aufgebaut werden. Ebenso dürfen nur vom gewählten Algorithmus unterstützte Schlüssellängen ausgewählt werden können.

- Das vom Backend gelieferte Ergebnis muss auch wieder entschlüsselt werden können.

- Stattfindende Kommunikation mit dem Backend muss dem Nutzer kenntlich gemacht werden. Dies betrifft die Nutzung des Crypt-Services wie auch die Abfrage der unterstützten Algorithmen.

- Kommunikation bzgl. C2DM (Anmelden, Abmelden) muss vom Nutzer veranlasst werden können.[5]

---

[5] Anm. d. Verf.: Sinngemäß läuft C2DM-Kommunikation für den Anwender transparent ab. Zu Demonstrationszwecken soll sie hier jedoch vom Nutzer ausgelöst werden können.

- Unterstützte Algorithmen dürfen nur abgefragt werden, wenn noch keine vorliegen, oder eine C2DM-Nachricht über eine Änderung im Backend informiert.

- Die *Registrierungs-ID* für C2DM muss dem Backend mitgeteilt werden.

- Dies gilt auch bei einer Änderung der ID seitens der C2DM-Server.

- Bei einer Deregistrierung vom C2DM muss das Backend benachrichtigt werden.

- Die Registrierungs-ID ist auch noch nach Programm-Beendigung gültig und muss deshalb persistent gespeichert werden. Die unterstützten Algorithmen müssen ebenfalls abgespeichert werden, um sie nicht erneut abfragen zu müssen.

5.4.2 Architektur

Die Frontend-Anwendung wurde funktional unterteilt in die Pakete appinstance, cryptservice sowie models. Letzteres Paket beinhaltet eigene Datentypen, die als Containerklassen fungieren.

Das Paket appinstance bildet die Hauptkomponente der Anwendung. Es dient als Programmeinstieg und verwaltet die notwendigen Laufzeitdaten für die Instanz auf dem spezifischen Endgerät. Hierzu erlaubt sie das nutzergesteuerte An- und Abmelden am C2DM-Dienst. Von den Google Servern erhaltene Registrierungs-IDs werden dem Backend umgehend mittels eines JSON-RPC- Aufrufs mitgeteilt, damit dieses die Client-Instanz registriert und in seine Datenbank aufnimmt. Meldet sich der Client vom C2DM ab oder bekommt er eine neue Registrierungs-ID zugeteilt, wird dem Backend das, ebenfalls über JSON-RPC, mitgeteilt.

Des Weiteren bewerkstelligt appinstance die Anfragen nach den möglichen Ciphern beim Backend, die sowohl durch eine C2DM-Nachricht ausgelöst oder auch beim ersten Programmstart ausgeführt werden. Als Kommunikationstechnologie wurde hierfür die Übermittlung mittels SOAP verwendet.

Bei beiden Anfragetypen, also sowohl nach der *Registrierungs-ID* als auch der vom Backend unterstützten Verschlüsselungsalgorithmen, wird ein ProgressDialog gestartet, der den Benutzer über die Aktivität informiert. Nach Beendigung der Anfrage bzw. Ankunft der Antwort von den C2DM-

Servern wird dieser ProgressDialog wieder beendet. Die erhaltenen Daten werden nach Empfang über sog. Preferences persistent abgespeichert. Bei Programmstart werden sie dann aus diesem Speicher wieder neu ausgelesen.

Für die Nutzung des eigentlichen entfernten Dienstes ist das Paket cryptservice zuständig. Dafür wird eine weitere Acitivity zur Verfügung gestellt, die die verschiedenen Kommunikationsmöglichkeiten in je einer Tab zur Auswahl bereithält. Jede Tab beinhaltet wiederum ein Textfeld für die Eingabe eines beliebigen Texts zur Verschlüsselung, Auswahlmöglichkeiten für Algorithmus und Schlüssellänge sowie einen Button zum Absenden des Requests. Nach- dem ein solcher ausgeführt wurde, wird der eingegebene Text im Textfeld mit dem Ergebnis überschrieben und die Beschriftung des Button wechselt zwischen "Encrypt" und "Decrypt". Außerdem werden bei Wahl eines Algorithmus' automatisch nur die zulässigen Schlüssellängen in das dafür vorgesehene Auswahlelement (Spinner) geladen. Weiterhin enthält cryptservice die Implementierungen der Kommunikationsclients und führt die Requests auch aus. Auch hier wird zur Nutzerbenachrichtigung ein ProgressDialog gestartet und nach Beendigung des Requests wieder beendet.

Die Paketierung wurde nach dem Prinzip "Starke Bindung, lose Kopplung" vorgenommen. Innerhalb der Pakete existieren somit viele Abhängigkeiten unter den einzelnen Klassen. Zwischen den Paketen gibt es jedoch nur wenige Assoziationen. Das cryptservice-Paket arbeitet eigenständig und benötigt im Grunde nur die Information über die vom Backend unterstützten Algorithmen, um die Auswahlelemente der GUI entsprechend aufzubauen. Auch das Paket appinstance hängt von cryptservice nur insofern ab, dass es davon Kommunikationsimplementierungen für die Abfrage der Laufzeitdaten verwendet. Eine Abkopplung der Pakete würde somit nur sehr wenige Änderungen im Sourcecode notwendig machen.

Die Android-Anwendung erfüllt somit alle funktionalen Anforderungen und bietet eine Nutzerschnittstelle, mit der das verteilte System verwendet werden können.

5.4.3 Implementierung

Bei der Implementierung der Anwendung ergaben sich einige Probleme, deren Umfang und Lösung im Folgenden erläutert werden.

- **TabView**: Jede Tab, die die Kommunikation mit einem bestimmten Client ermöglicht, hält im Grunde die gleichen GUI-Elemente. Alle die- se Elemente sind in derselben XML-Datei (selection.xml) definiert und gehören sinngemäß zur selben Activity ServiceControl, in der sie konfiguriert werden und auf Nutzerinteraktion reagiert wird. Trotzdem gehören die Elemente innerhalb eines Tabs logisch zusammen. Für die jeweiligen Requests müssen entsprechend auch die dafür relevanten und vom Nutzer angegebenen Daten aufgegriffen werden und auch der passende Button gedrückt worden sein.

Deshalb könnte man für jeden Button einen spezifischen OnClickListener implementieren oder einen gemeinsamen verwenden, der überprüft, welcher Button gedrückt wurde, und danach die richtigen Input-Elemente ausliest. Die Verfasser haben sich jedoch dafür entschieden, den Inhalt eines Tabs als innere Klasse (CommRequest) in der Activity zu implementieren. Diese beinhaltet dann jedes GUI-Element nur einmal, Fallunterscheidungen sind somit nicht notwendig. Hinzu kommt, das lediglich eine neue Instanz der Klasse gebildet und dem Tab-Host ein neuer Tab hinzugefügt werden müssen, um die komplette GUI-Logik für eine neue Kommunikationstechnologie zu integrieren. CommRequest kümmert sich auch um den dynamischen Aufbau des Spinner für wählbare Schlüssellängen und das Umschalten zwischen "Decrypt" und "Encrypt".

- **ProgressDialog**: Ein weiteres Problem bereitete die Anzeige eines ProgressDialog. Wird ein solcher gestartet, kann der UI-Thread nicht gleich- zeitig Daten verarbeiten oder einen Request ausführen und den ProgressDialog bzw. die GUI aufrecht erhalten. Deshalb startet dieser für einen Request einen neuen Thread, der diesen ausführt. Sobald der Thread das empfangene Ergebnis abspeichert, stoppt er auch den aktiven ProgressDialog, wodurch der UI-Thread wieder auf Nutzereingaben reagieren kann.

- **Nachladen der Algorithmen**: Eine C2DM-Nachricht kann jederzeit eintreffen. Diese kommen im C2DMReceiver an, der sie dann automatisch in einem eigenen Thread verarbeitet. Der UI-Thread wird dem- nach nicht blockiert und kann weiterarbeiten. Handelt es sich jedoch um eine Nachricht vom Backend, müssen die Algorithmen neu abgerufen werden. Um dafür aber einen ProgressDialog anzeigen zu lassen, muss bekannt sein, welche Activity zu diesem Zeitpunkt aktiv ist. Auf dieser wird der Dialog dann gestartet. Aus diesem Grunde kennt die Klasse Control die derzeit aktive Activity und kümmert sich um Cipher-Request und ProgressDialog.

Für die jeweiligen Kommunikationstechnologien wurden in der Android-App die folgenden Bibliotheken verwendet:

- **Apache Http**: Für die REST-Implementierung musste keine externe Bibliothek herangezogen werden. Die mit den Standard Google/Android- APIs ausgelieferten und unter Apache v2.0 lizensierten Apache-Bibliotheken erlauben es, HTTP-Anfragen auszuführen. Die dafür verwendete HTTP-Methode ist GET, die auf dem Backend auszuführende Aktion bzw. der konkrete Methodenname wird direkt in der URL kodiert. Parameter für diese Methode wiederum werden mittels Header hinzugefügt, die jedoch etwas umständlich über eine typisierte ArrayList zusammengesetzt werden mussten. Die Ausführung des Requests gibt ein HttpResponse-Objekt zurück, welches es über einen InputStreamReader ermöglicht, das Ergebnis textuell auszulesen.

- **ksoap2-android**: Für die SOAP-Schnittstelle wurde die ksoap2-android- Bibliothek [22] herangezogen. Sie steht unter der MIT-Lizenz und erlaubt die Nutzung der SOAP-Features auf Android-Geräten. Für einen Request muss ein SoapObject erstellt werden, wobei der zugrunde liegen- de Namespace sowie die aufzurufende Methode mit angegeben werden muss. Dieses SoapObject wird im Anschluss in einen SOAP-Envelope (SoapSerializationEnvelope) verpackt und dieser über einen HttpTransportSE übermittelt. Letzterer benötigt die Ziel-URL zur Instanziierung. Bei den Crypt-Requests wird ein SoapPrimitive zurückgeliefert. Über dessen toString()-Methode kommt man an das gewünschte Ergebnis vom Backend. Bei der Anfrage nach unterstützten Algorithmen gestaltet sich dieser Vorgang jedoch etwas komplexer. Zurückgeliefert wird ein Vector <SoapObject>, wie beim SoapPrimitive auch muss jedoch ein manueller Cast durchgeführt werden. Jedes dieser SoapObject enthält die Informationen eines Algorithmus'. Diese wiederum werden durch PropertyInfo- Elemente ausgedrückt. Anhand dessen Bezeichner lässt sich ableiten, ob es sich um einen Algorithmus-Name oder eine Schlüssellänge handelt. Diese müssen also extrahiert und davon SimpleCipher-Objekte gebildet und befüllt werden. Das aus diesen

Objekten zu bildende Array ist dann der eigentlich gewünschte Datensatz.

- **android-jsonrpc**: Für die Implementierung des JSON-RPC-Clients wurde die android-json-rpc-Bibliothek[4], lizensiert unter MIT, verwendet. Die Implementierung fiel sehr knapp aus, es wird lediglich ein JSONRPCClient mit der Ziel-URL erzeugt und anschließend darauf der Methodenaufruf durchgeführt. Hierzu bietet der JSONRPCClient vorgefertigte Methoden mit elementaren Datentypen als Rückgabewert (z.B. callString() oder callDouble()) sowie eine davon unabhängige Methode call(), die auch komplexere Datentypen zurückgeben kann. Die auf dem Backend auszuführende Methode wird ebenso wie dafür vorgesehenen Argumente als Parameter für call() mit übergeben. Das erhaltene Resul- tat liegt somit automatisch in der gewünschten Form vor und kann weiterverwendet werden. Ein weiteres Parsen oder Extrahieren aus einem speziellen Container ist somit nicht notwendig.

- **android-xmlrpc**: Die Bibliothek android-xmlrpc[5] ist ebenfalls unter Apache v2.0 lizensiert. Verwenden lässt sie sich genauso wie android-jsonrpc. Nach URL-abhängiger Instanziierung eines XMLRPCClient kann eine call()-Methode nach demselben Prinzip aufgerufen werden. Der einzige Unterschied zur Implementierung auf Basis von android-jsonrpc liegt darin, dass XMLRPCClient keine spezifischen Methoden für elementare Datentypen besitzt. Das Ergebnis muss also in jedem Fall in die gewünschte Zielklasse gecastet werden.

Für die Integration des C2DM-Dienstes in die Applikation sind mehrere Schritte notwendig. Voraussetzung dafür, dass C2DM-Nachrichten vom Device an die Applikation weitergegeben werden, ist, dass in der Datei AndroidManifest.xml die notwendigen Rechte gesetzt wurden. Ferner wurde dort festgelegt, dass nur Nachrichten von externen Server und somit nicht von anderen Applikationen empfangen werden sollen. Damit einkommende Nachrichten in der Applikation verarbeitet werden können, wurde eine von BroadcastReceiver abgeleitete Klasse (C2DMReceiver) implementiert und im Manifest als Empfänger für einkommende Nachrichten gesetzt. Durch Überschreiben der Methode onReceive() kann auf empfangene Mitteilungen, codiert in einem Intent, reagiert werden.

6 Fazit

6.1 Zusammenfassung

Diese Arbeit beschreibt die Entwicklung eines verteilten Systems mit GAE und Android. Im Fokus steht hierbei die Implementierung der eingesetzten Technologien zur Netzwerkkommunikation, JSON-RPC, XML-RPC, REST und SOAP, sowie die Realisierung eines C2DM-Use-Case, über den es möglich ist, Android-Clients über Ereignisse des Servers zu informieren. Neben Erläuterungen der Umsetzung werden die Netzwerk-Technologien und Laufzeitumgebungen vorgestellt. Im nächsten Abschnitt wird letztendlich eine Bewertung zu den untersuchten Netzwerk-Technologien, sowie zu deren Implementierungen gegeben.

6.2 Bewertung

6.2.1 Netzwerk-Technologien auf Android

Grundsätzlich ist es unter Android möglich, jede Netzwerk-Technologie einzusetzen die entweder TCP oder HTTP für den Transport benutzt. Dadurch ergeben sich ausschließlich Android-spezifische Kriterien zur Bewertung von Netzwerk-Technologien, was auch von der Annahme gestützt wird, dass zum einen die Bandbreite der Netzwerkverbindung von Android-Geräten stark limitiert ist und zum anderen das Parsen von zu „fetten" Datenstrukturen auf den Geräten aufgrund limitierter Ressourcen vor allem bezüglich CPU und RAM zum Flaschenhals der zugrunde liegenden Thematik wird. Als „fette „ Datensstruktur ließe sich z.B. XML im Vergleich zu JSON bezeichnen, wie das von Crockford in [34] getan wurde.

Betrachtet man die verwendeten Datenstrukturen der Protokolle, so fällt auf, dass POX, SOAP und XML-RPC auf das eher schwergewichtige XML-Format setzen. REST und WebSockets sind neutral, d.h. sie definieren keine Datenstrukturen, die während der Kommunikation zum Einsatz kommen. So- mit bringt das den Vorteil, dass ein schlankes, kompaktes Format verwendet werden kann. So lässt sich also argumentieren, dass JSON-RPC, REST und WebSockets mit JSON als benutztes Datenformat in Bezug auf effiziente Prozessierung der benutzten Datenstrukturen und der effizienten Ausnutzung der begrenzten Bandbreite offensichtliche Vorteile gegenüber den XML-basierten Verfahren bringen. Ein kurzes, aber eindeutiges Beispiel wurde in Kapitel 4 mit Listing 2 und 3 mit einem semantisch gleichen RPC-Aufrufen in den jeweiligen Protokollen JSON-RPC und XML-RPC gegeben. Hier ist die Kompaktheit von JSON und dem vergleichsweise aufgeblähten XML offensichtlich.

POX bietet zumindest die Möglichkeit, das versendete XML selbst zu definieren und es so durch die simple Verwendung von kurzen Elementnamen innerhalb des XML so kompakt wie möglich zu halten. Voraussetzung hierfür ist natürlich, dass das POX auch auf Server-Seite angepasst werden kann, was natürlich nicht immer der Fall sein kann, da ein Android-Entwickler nicht immer auf seinen eigenen POX-Service zugreift und manchmal eben einfach nicht die Möglichkeit hat, den Service auf Seiten des Servers zu verändern. XML-RPC basiert im Gegensatz zu POX auf festen XML-Strukturen, was natürlich Vorteile wie bessere Portabilität und Kompatibilität mit anderen XML- RPC-Servern bringt, aber auch gleichzeitig zum Nachteil wird, wenn man den eben genannten Vorteil von POX beachtet.

Wie bereits genannt, ist SOAP ein sehr mächtiges Protokoll und hat ohne Zweifel seine Daseinsberechtigung. Es implementiert Zusatzfeatures die fernab des Funktionsumfangs der anderen hier vorgestellten Technologien sind. Trotzdem wird die Benutzung auf einem Ressourcen-eingeschränkten Gerät mit Android, wie auch von Ableson in [30] beschrieben, nicht empfohlen, da sich genau diese Zusatzfeatures unter den hier verwendeten Kriterien sehr nachteilig auswirken. Der Overhead, den das Protokoll mit sich bringt, ist einfach zu hoch. In [30] wird das Problem angesprochen, dass Entwickler SOAP oft deswegen verwenden, weil die bereits bestehende Infrastruktur ausschließlich SOAP-Services anbietet und bereits SOAP-Clients auf ähnlich kleinen Geräten wie Smartphones implementiert wurden. Als Lösung wird ein Proxy- Service vorgeschlagen, der ein leichtgewichtigeres Protokoll zur Benutzung des Services für Smartphones anbietet. Durch die innerhalb dieser Ausarbeitung gesammelten Erfahrungen, sowohl mit der Implementierung eines leicht- gewichtigen Services auf Client-, als auch auf Server-Seite, können die Verfasser dieser Lösung nur zustimmen, da der nötige Aufwand mehr als vertretbar ist.

6.2.2 Implementierung der Netzwerk-Technologien

Wie in Kapitel 5.4.3 beschrieben, fällt die Integration der unterschiedlichen Kommunikationstechnologien auf dem Android-Gerät verschieden aus. Die Verwendung eines RPC-Mechanismus' ist durch die verfügbaren Bibliotheken sowohl im XML- als auch im JSON-Format sehr einfach. Die Bibliotheken kümmern sich hierbei um die korrekte Formatierung der Datensätze in das entsprechende Format, um Versand und Empfang der Nachrichten sowie um das Extrahieren des Ergebnisses zur Weiterverarbeitung. Dabei wird keine spezielle lokale Schnittstelle benötigt, die Backend-Funktionalitäten spezifiziert, sondern einfach Methodenname und Parameter zusammen übergeben.

Die Kommunikation nach dem REST-Prinzip erfordert jedoch etwas mehr Aufwand, immerhin muss man die Anfrage zuerst zusammensetzen und auch die Extraktion des Ergebnisses erfordert Reader-Instanzen. Man ist dabei je- doch nicht auf externe Quellen angewiesen, sondern kann Requests nach Belieben zusammenstellen und über die soliden Apache-Bibliotheken verschicken.

Selbst ohne SOAPs Zusatzfeatures zu verwenden, was in dieser Arbeit der Fall war, fällt dessen Verwendung komplexer aus. Gerade durch das Ein- und Auspacken des Envelopes sind mitunter einge Schritte notwendig. Sollen komplexere Datenstrukturen versandt werden, fällt auch das Extrahieren der Daten entsprechend umfangreich aus.

Gerade Aufgrund des Mehraufwands beim Extrahieren von Ergebnissen aus der Kommunikation lässt sich aus Implementierungssicht sagen, dass die Verwendung eines Ansatzes über SOAP nicht zu empfehlen ist, solange es nicht aufgrund spezieller Features oder Voraussetzungen des Backends erfordert wird. Eine REST-Implementierung fällt gegenüber der Verwendung der XML-RPC- bzw. JSON-RPC-Bibliotheken zwar ebenfalls umfangreicher aus, der Unterschied fällt jedoch nicht deratig ins Gewicht.

Für die benutzten Bibliotheken auf GAE gilt ein ähnliches Fazit wie das des Android-Clients. Hier war jede Bibliothek sehr trivial benutzbar, die einzige Ausnahme bildet auch hier SOAP. Allerdings ist das auf eine fehlende Unterstützung der wichtigsten SOAP-API im Java-Bereich seitens GAE zurückzuführen. Sobald die Unterstützung von JAX-WS auf GAE bereitgestellt wird, wird auch die Implementierung von SOAP relativ einfach und angenehm passieren können.

6.3 Ausblick

Die zur Bewertung der Netzwerk-Technologien herangezogenen Kriterien bezüglich der begrenzten Netzwerk-Bandbreite sowie den begrenzten Ressourcen RAM und CPU auf einem Android-Smartphone könnten im Hinblick auf die immer stärker werdende Hardware in diesem Bereich nichtig gemacht wer- den. Speziell für den mobilen Bereich spielt in diesem Zusammenhang auch der Netz-Ausbau eine wichtige Rolle. Es bleibt also abzuwarten, wie sich die Hardwaredomäne und die Infrastruktur entwickelt und ob sich dann eventuell jegliche klassischen verteilten Programmiermodelle ohne gewichtige Nachtei- le auch mit einem Smartphone nutzen lassen.

WebSockets sind immer noch ein recht neuartiges Thema, deshalb sind erprobte Praxiseinsätze des Protokolls kaum zu finden. Auch hier wird erst die Zeit zeigen, inwiefern sich das Protokoll im Android-Bereich etablieren wird und Anwendung findet. Durch seine vollduplexen Eigenschaften bietet es großes Potenzial z.B. für Echtzeitanwendungen, darf aber trotzdem nicht fälschlicherweise als Ersatz für etwa C2DM angesehen werden, da davon aus- zugehen ist, dass sich ein geöffneter WebSocket wie auch derzeit ein TCP- Socket auf Android schließt und die Verbindung damit trennt, sobald die betroffene App inaktiv wurde. Durch WebSockets wird es also vermut- lich nicht möglich sein, auch inaktiven Apps Nachrichten zu senden, wie das bei C2DM der Fall ist.

Literatur

[2] Android - The Developer's Guide.
http://developer.android.com/guide/index.html.

[3] Android Cloud to Device Messaging Framework.
http://code.google.com/intl/de-DE/android/c2dm/index.html.

[4] android-json-rpc - A json-rpc client library for android.
http://code.google.com/p/android-json-rpc/.

[5] android-xmlrpc - Very thin xmlrpc client library for Android platform.
http://code.google.com/p/android-xmlrpc/.

[6] Authentication and Authorization for Google APIs - ClientLogin for In-stalled Applications. http://code.google.com/intl/de-DE/apis/accounts/docs/AuthForInstalledApps.html.

[7] Core J2EE Patterns - Data Access Object.
http://java.sun.com/blueprints/corej2eepatterns
/Patterns/DataAccessObject.html.

[8] Defining Data Classes with JDO. http://code.google.com/intl/de-DE/appengine/docs/

java/datastore/jdo/dataclasses.html.

[9] Google App Engine - Websocket issues.
http://code.google.com/p/googleappengine/issues
/list?can=2&q=websockets.

[10] Google App Engine for Java - Will it play in App Engine.
http://groups.google.com/group/google-appengine-java/web/will-it-play-in-app-engine.

[11] Groovy - An agile dynamic language for the Java Platform.
http://groovy.codehaus.org/.

[12] Java API for creating and building SOAP messages.
http://download.oracle.com/javaee/5/api/javax/xml/soap/package-summary.html.

[13] Java Data Objects - Which Persistence Specification ?
http://db.apache.org/jdo/jdo_v_jpa.html.

[14] JAX-RS: JavaTM API for RESTful Web Services.
http://jsr311.java.net/nonav/releases/1.1/spec/spec.html.

[15] JSON-RPC 2.0 Specification. http://groups.google.com/group/json-rpc/web/json-rpc-2-0.

[16] JSON-RPC Java library. http://code.google.com/p/json-rpc/.

[17] JSON-RPC Specification. http://json-rpc.org/wiki/specification.

[18] JSR 222: JavaTM Architecture for XML Binding (JAXB) 2.0.
http://www.jcp.org/en/jsr/detail?id=222.

[19] JSR 224: JavaTM API for XML-BasedWeb Services (JAX-WS) 2.0.
http://www.jcp.org/en/jsr/detail?id=224.

[20] jumpnote - Android C2DM demo application.
http://code.google.com/p/jumpnote/.

[21] jWebSocket - a pure Java/JavaScript high speed bidirectional communication solution. http://jwebsocket.org/.

[22] ksoap2-android - A lightweight and efficient SOAP library for the Android platform. http://code.google.com/p/ksoap2-android/.

[23] Redstone XML-RPC Library. http://xmlrpc.sourceforge.net/.

[24] RESTEasy Project. http://www.jboss.org/resteasy.

[25] The Java Servlet Environment - Quotas and Limits.
http://code.google.com/intl/de-DE/appengine/docs/java/runtime.html#Quotas_and_Limits.

[26] Using JDO with App Engine. http://code.google.com/intl/de-DE/appengine/docs/java/datastore/jdo/overview.html.

[27] wsgen - JavaTM API for XML Web Services (JAX-WS) 2.0.
http://download.oracle.com/javase/6/docs/technotes/tools/share/wsgen.html.

[28] XML-RPC Specification. http://www.xmlrpc.com/spec.

[29] REST and POX. http://msdn.microsoft.com/en-us/library/aa395208.aspx, 2007.

[30] F. Ableson and R. Sen. Android in Action. Manning Publications, second edition edition, 2 2011.

[31] A. Becker and M. Pant. Android: Grundlagen und Programmierung. dpunkt Verlag, 1 edition, 5 2009.

[32] G. Bengel. Verteilte Systeme: Grundlagen und Praxis des Client-Server-Computing. Inklusive aktueller Technologien wie Web-Services u. a. F'ur Studenten und Praktiker. Vieweg+Teubner, 3. a. edition, 2 2004.

[33] M. Burghardt. Web Services. Vieweg+Teubner, 1 edition, 10 2004.

[34] D. Crockford. JSON: The Fat-Free Alternative to XML. http://www.json.org/fatfree.html, Dec. 2006.

[35] D. Crockford. Das Beste an JavaScript. O'Reilly, 1 edition, 9 2008.

[36] I. Fette and A. Melnikov. The WebSocket protocol. http://tools.ietf.org/html/draft-ietf-hybi-thewebsocketprotocol-10.

[37] R. T. Fielding. Architectural Styles and the Design of Network-based Software Architectures. PhD thesis, University of California, Irvine, 2000.

[38] M. Rudominer. HOW TO: Build a SOAP Server and a SOAP Client on Google App Engine. http://code.google.com/intl/de-DE/appengine/articles/soap.html, Februar 2011.

[39] D. Sanderson. Programming Google App Engine: Build and Run Scalable Web Apps on Google's Infrastructure (Animal Guide). O'Reilly Media, 1 edition, 11 2009.

[40] M. Weßendorf. WebSocket: Annäherung an Echtzeit im Web. http://www.heise.de/developer/artikel/WebSocket-Annaeherung-an-Echtzeit-im-Web-1260189.html, June 2011.Weßendorf.

www.ingramcontent.com/pod-product-compliance
Lightning Source LLC
Chambersburg PA
CBHW081104220326
41598CB00038B/7225